守望这片池塘

——我国虾产业发展调研报告

SHOUWANG ZHEPIAN CHITANG

孙　琛　晋洪涛　车　斌　张海清　著

中国农业出版社
北　京

序

我国不仅疆域辽阔，内陆江河纵横，湖泊、水库星罗棋布，而且海岸线漫长，仅北起辽宁鸭绿江口、南至广西北仑河口的大陆海岸线，全长就达 14 000 多千米。数千年来，中华民族积累了丰富的渔猎知识，创造了灿烂的渔业文明。早在春秋战国时期，范蠡就著有《养鱼经》，从养殖工程、选种育种、密养轮捕等方面对当时养殖生产中的丰富经验进行了总结，是世界上第一部专门论述养鱼的文献。

中华人民共和国成立后，我国渔业经历了从恢复到长足发展的曲折过程。自 20 世纪 80 年代初，我国确立了“以养为主”的发展方针，走出了一条“以养为主”的中国特色之路，水产养殖区域逐步从传统的沿海地区、长江、珠江流域扩展到内陆和“三北”地区的各类水面，养殖品种也从原有的大宗淡水鱼类、贝类拓展到海水鱼、虾蟹类和藻类，在 1998 年就已成为世界主要渔业生产国中唯一一个水产养殖产量超过捕捞产量的国家。

对虾体肥肉多、肉质鲜美、烹饪和食用方便，而且是一种优质蛋白质来源，具有高蛋白、高矿物质、高不饱和脂肪酸和营养均衡的特点，深受国内外消费者喜爱，是目前世界上最重要的水产养殖种类之一。较斑节对虾、中国对虾、日本对虾等养殖品种，南美白对虾在产量上占绝对优势，单品种产量占全球养殖总量的 75%左右。我国是世界对虾养殖大国，近十年我国对虾养殖产量占全球产量的比重均在 25%～35%，南美白对虾养殖规模和产量也远超其他对虾品种。

20 世纪 90 年代初期，江苏盱眙人自创“十三香”调料烹制龙虾，打开当地人的味蕾并逐渐向周边扩散，随着湖北潜江“虾稻共作”模式的成功和推广，小龙虾在长江中下游地区掀起了一股养殖热潮，成为不少地区独具特色的一条产业振兴道路，也使我国成为世界上最大的小龙虾生产国和消费国。

国家虾蟹产业技术体系产业经济研究室，对对虾产业和小龙虾产业进行了大量的基础性田野调查，积累了丰富的一手数据，并结合多个平台的线上数据，拟从产业链角度对产业发展现状加以呈现，同时探讨产业经济发展面临的问题，以期对产业政策的制定和产业的可持续发展尽绵薄之力。

该书第一篇由晋洪涛执笔，第二篇和第五篇由车斌、孙琛执笔，第三篇由张海清执笔，第四篇由孙琛执笔，全书由孙琛统稿。

产业经济研究室组织的调研得到了体系首席科学家何建国教授、其他岗位科学家以及综合试验站的大力支持，尤其是山东日照综合试验站、江苏连云港综合试验站、广东湛江综合试验站、广东茂名综合试验站、广东加工综合试验站、广西防城港综合试验站、河北唐山综合试验站、河北沧州综合试验站、江苏淮安综合试验站、湖北潜江综合试验站、江苏苏州综合试验站的鼎力相助，产业经济研究室在此表示衷心感谢！

产业经济研究室的调研工作和本书的出版得到“现代农业产业技术体系专项资金（CARS－48）”资助，特此致谢！

作　者

2020 年 12 月

开　篇

2010年以来，全球水产品产量进入平稳增长期，年均增长率5.3%，水产品消费量也呈现相同的平稳增长态势。在全球水产品产量平稳增长的大背景下，对虾生产近年来也表现出一些新的特点。在1992年产量达到100万吨后，全球对虾产业经历了一个持续增长期，至2010年增长到390万吨，之后由于虾病暴发，全球对虾产量持续下降，下降到2015年的281万吨。此后又恢复增长，2018年全球对虾总产量首次超过500万吨。全球对虾主要生产国是中国和东南亚各国，六大主产国总产量占全球总产量的83%，其中，中国占比26%、越南15%、印度14%、厄瓜多尔13%、泰国6%、印度尼西亚9%。

我国是世界对虾养殖生产大国，也是世界上对虾产品的主要贸易国。2018年，虽然中国对虾占全球产量的比重由最高时的35%下降至26%，但我国仍是全球唯一养殖对虾产量超百万吨的国家。目前我国直接从事对虾育苗、养殖生产的劳动力超过1万人，加上饲料、渔药、加工、运输、销售、出口贸易等从业人员，在我国对虾产业是个规模巨大的产业。全球形成规模化养殖的对虾品种主要有南美白对虾、斑节对虾、中国对虾、墨吉对虾、日本对虾等，其中南美白对虾（*Penaeus vannamei*）产量占绝对优势，单品种产量占全球养殖总量的75%左右（周井娟，2016）。对我国而言，南美白对虾养殖规模和产量更是远超其他对虾品种。南美白对虾原产于南美洲太平洋沿岸海域，1988年中国科学院海洋研究所由美国引进此虾种，并在1992年突破了育苗关，1999年引进美国优质种虾和繁殖技术，此后养殖技术逐步发展。南美白对虾具备"壳薄体肥、出肉率高达65%以上、耐高温、抗病力强、生长快、适盐性广、沿海内陆都可以养殖"等优良特性，很快在全国各地得以推广。进入 21 世纪后，我国的南美白对虾养殖打破区域限制，海水与淡水养殖并重，产量和养殖面积在对虾品种中均占据绝对优势。

同时，我国也是世界上最大的小龙虾生产国。20 世纪 90 年代初期，我国小龙虾以捕捞为主，年平均产量仅为 6 700 吨；小龙虾的养殖始于 20 世纪 90 年代后期，1999 年小龙虾产量接近 10 万吨；2007 年我国小龙虾产量达 26.55 万吨。尤其自 2013 年开始我国掀起了小龙虾养殖的热潮，养殖面积和产量持续增长，小龙虾产业也从最初的“捕捞＋餐饮”向养殖、加工、流通及节庆等一体化服务拓展，形成了完整的产业链。

目 录

第一篇 DIYIPIAN

希望的田野

一、产业规模

1. 养殖产量：实现较快增长，首破200万吨

我国对虾养殖产量（包括海水养殖以及南美白对虾淡水养殖）在2010年接近140万吨后，其后两年继续实现了快速增长，增长率分别超过9%和6%。但由于疾病及其他不利因素的影响，2013年全球对虾养殖产量出现了显著下降，我国也出现了1%的小幅下滑。在短暂下降后，2014年我国对虾产量实现恢复性增长，增速达10%，在经历了两年平稳增长之后，又出现了5%以上的增长率，至2018年，全国对虾养殖产量首次超越200万吨大关，达到205万吨，比上年增长5.95%（图1-1）。

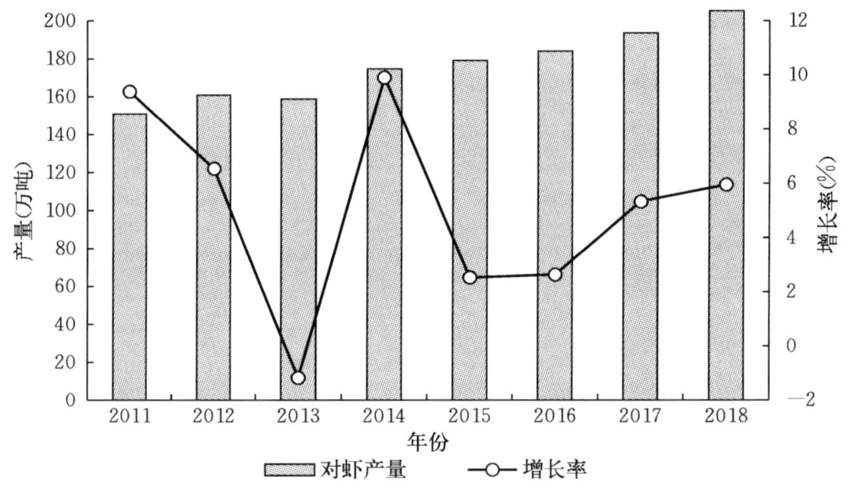

图1-1　我国对虾养殖产量及增长趋势

（资料来源：《中国渔业统计年鉴》，产量数据包括海水养殖南美白对虾、中国对虾、斑节对虾、日本对虾及淡水养殖南美白对虾，不含捕捞产量。）

2. 海水养殖面积：总体稳定、略有下降，南美白对虾占据绝对优势

由于缺少淡水养殖面积统计数据，本报告主要对海水养殖面积进行分析。2011年以来，我国对虾海水养殖面积出现波动性变化，先是经历了两年的下滑，至2013年达到阶段性最低值，其后出现大幅增长，但从2016年开始又出现连续小幅下降（图1-2）。2018年，对虾海水养殖面

积为 22.38 万公顷，比 2015 年的峰值减少了 1 万公顷，略有下降。在四大对虾品种中，南美白对虾养殖面积比重从 2013 年以来一直保持在 70% 以上。如果考虑淡水养殖，那么南美白对虾养殖面积在四大品种中占据绝对优势。

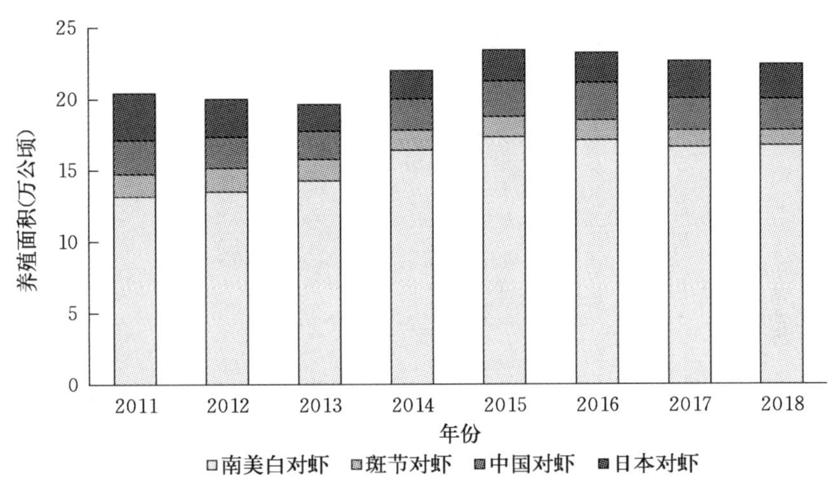

图 1-2　2011—2018 年国内对虾海水养殖面积

（资料来源：《中国渔业统计年鉴》）

3. 种苗生产：持续波动增长，涌现一批优秀企业

随着对虾养殖规模的扩大，种苗培育也成为对虾产业链上举足轻重的环节。种苗质量直接关系到养殖成活率，根据课题组的调查，对虾养殖户目前最为担心的就是种苗质量，一旦某一造的种苗出现问题，则几乎全塘覆灭，因此，种苗的供应可以说是直接影响着对虾产业的发展。我国引进南美白对虾已有 30 年，种苗生产主要集中在福建厦门、广东湛江、海南文昌，三大虾苗产区各有特点、优势各异，虾苗企业的战略布局已经从本土市场向新兴市场转移。近年来，国内对虾苗价高企，育苗成为国内对虾产业链中竞争激烈的一环，也涌现出一大批优秀种苗企业，如广东恒兴集团、广东海大集团、广东海茂集团、海南南疆公司、卜蜂水产（东方）有限公司等。

2018 年我国虾苗育苗总量约为 13 418 亿尾，相较 2017 年增长了

7.2%。其中，南美白对虾虾苗总量为10 224亿尾，首次突破1万亿尾，相较2017年增长了7.0%。图1-3给出了近年来我国南美白对虾育苗情况，显示我国虾苗育种呈现较大波动。在2013和2014年经历高达11.7%、13.8%的大幅下滑后，国内南美白对虾育苗量从近7 000亿尾降至5 290亿尾。但随后在2015年出现反弹性暴增，增速高达50%，逼近8 000亿尾大关。2016年以来，我国南美白对虾虾苗连续跨越8 000亿、9 000亿和1万亿尾台阶。虽然从总量而言我国对虾育苗位居世界第一，但种苗质量、生产过程监管和市场秩序等方面仍面临许多亟待解决的问题，需要引起高度重视。

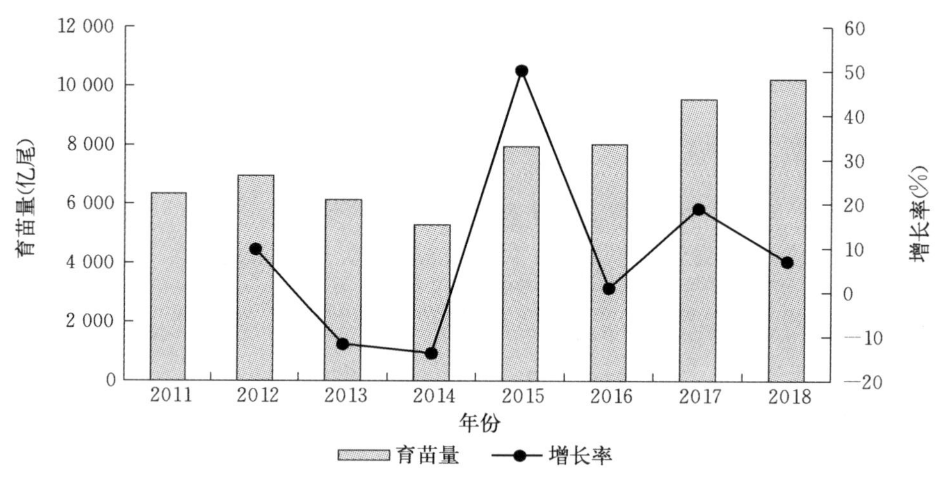

图1-3　2011—2018年国内南美白对虾育苗情况

（资料来源：《中国渔业统计年鉴》）

二、产业布局

1. 主产区域：海水养殖分布集中，淡水养殖遍布全国

我国对虾产业布局具有典型的地区性。2018年，全国对虾产量位居前十位的省份分别为广东、广西、江苏、福建、山东、浙江、海南、河北、辽宁、天津，其中前7个省份超过10万吨，比上年增加了一个省，7省合计占总产量的90%以上。其中，广东所占比重虽比过去略有下降，但仍

达 34.5%。

海水养殖分布在除上海之外的各沿海省份，其中广东、广西、山东、福建、海南 5 个省份产量超过 10 万吨，合计占比达 85%。南美白对虾淡水养殖分布则非常广泛，除西藏、青海、吉林、北京等少数地区之外，全国各地均有养殖，其中超过万吨的有 9 个省份，产量由大到小依次为广东、江苏、福建、浙江、山东、天津、河北、上海、辽宁。

2. 产量分布：广东省一枝独秀，珠三角占据半壁江山

虽然对虾养殖分布比较广泛，尤其是淡水养殖南美白对虾遍布全国，但是产量分布却比较集中。图 1-4 给出了 2011—2018 年我国主要省份对虾产量（包括海水养殖和淡水养殖），从中可以看到我国对虾生产“一枝独秀、三大集团”的显著特征。

我国对虾生产的 11 个大省份，大致可以分为三个集团：广东属于第一集团，产量占全国对虾总产量的 1/3 以上，远超其他地区，牢牢占据第一大省的绝对优势，而且近年来仍然表现出强劲的发展趋势，除了在 2013 年因为虾病暴发而出现大幅下降之外，产量整体上呈现上升趋势，在 2018 年达到 69 万吨，可谓一骑绝尘；广西、福建、江苏、山东、浙江、海南属于第二集团，其中广西 2018 年以 29.6 万吨位居第二，在第二集团中领先，两广地区合计占全国对虾产量一半，第二集团其他省份产量在 10 万～20 万吨，其中江苏、福建、山东表现为明显的持续上升趋势，海南、浙江则出现徘徊和下降趋势；第三集团包括天津、河北、辽宁、上海，产量在 3 万～6 万吨，近年来产量比较稳定，各年之间表现为小幅度的增减，产量整体上变化不大，其中上海和天津两地以淡水养殖为主，河北的淡水养殖占总产量的一半（图 1-4）。

从区域分布来看，我国对虾养殖集中在三个地带：泛珠三角地区（包括广东、广西、海南 3 省份）产量占全国对虾总产量的 55%左右，泛长三角地区（包括江苏、浙江、上海及福建 4 省份）产量占 30%左右，渤海湾（包括天津、河北、辽宁和山东 4 省份）占 15%左右。

3. 海水养殖面积分布：鲁粤分据南北，遥遥领先其他省份

整体上，对虾养殖面积的分布应该是和产量的分布相对应的。由于缺乏

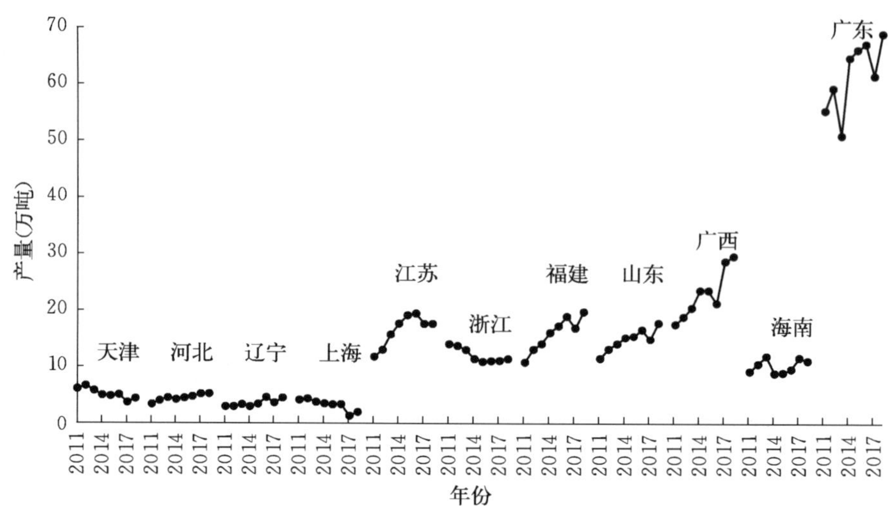

图 1-4 2011—2018 年我国主要省份对虾产量

（资料来源：《中国渔业统计年鉴》）

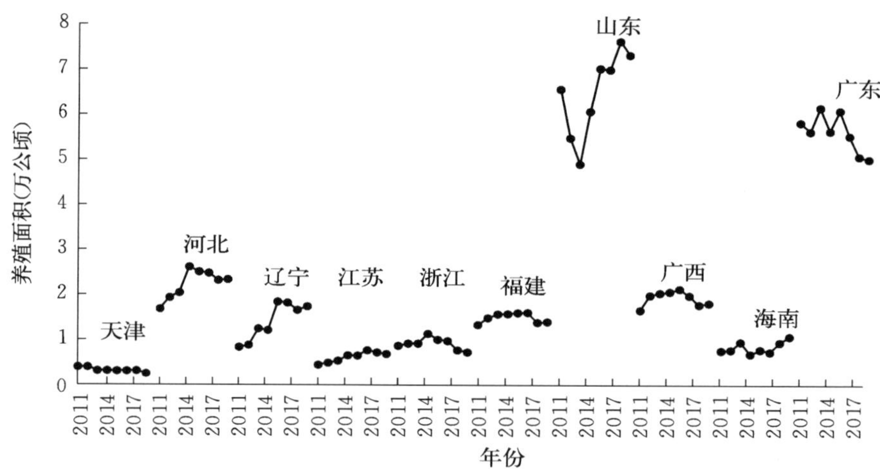

图 1-5 2011—2018 年主要省份对虾海水养殖面积

（资料来源：《中国渔业统计年鉴》）

对虾淡水养殖面积数据，本报告只针对海水养殖面积进行分析。图 1-5 显示的是我国主产省份 2011—2018 年对虾海水养殖面积的变化。单从海水养殖面积来看，山东和广东位居前二，其中山东养殖面积年际变化较大，在

2013 年达到历史低点后开始攀升，近年来稳定在 7 万公顷左右。广东则在 5 万～6 万公顷窄幅变动，但近年来表现为下滑趋势。其他省份则属于第二集团，其中河北、广西、辽宁等在 2 万公顷上下波动，江苏、浙江、福建近年来在 1 万公顷上下波动，天津低于 1 万公顷。

4. 品种分布：品种集中度极高，南美白对虾稳占九成

从品种分布来看，在对虾四大品种中，南美白对虾已牢牢占据绝对优势。南美白对虾是广温广盐性热带虾类，具有适应性强、生长速度快、抗病能力强三大特点，肉质鲜美、出肉率高，是世界三大养殖对虾品种之一。在养殖上，南美白对虾具有个体大、生长快、营养需求低、抗病力强等优点，对水环境因子变化的适应能力较强，对饲料蛋白含量要求低，出肉率高达 65%以上，离水存活时间长，是集约化高产养殖的优良品种，也是目前世界上三大养殖对虾品种中单产最高的虾种。正是这些优点，南美白对虾成为全球包括中国对虾养殖的主要品种。

自 20 世纪 80 年代开始，我国开展了南美白对虾的引进、适应性养殖以及大面积推广工作，南美白对虾成为国内对虾养殖当家品种。图 1－6显示，在国内对虾养殖产量中，南美白对虾产量（包含海水和淡水

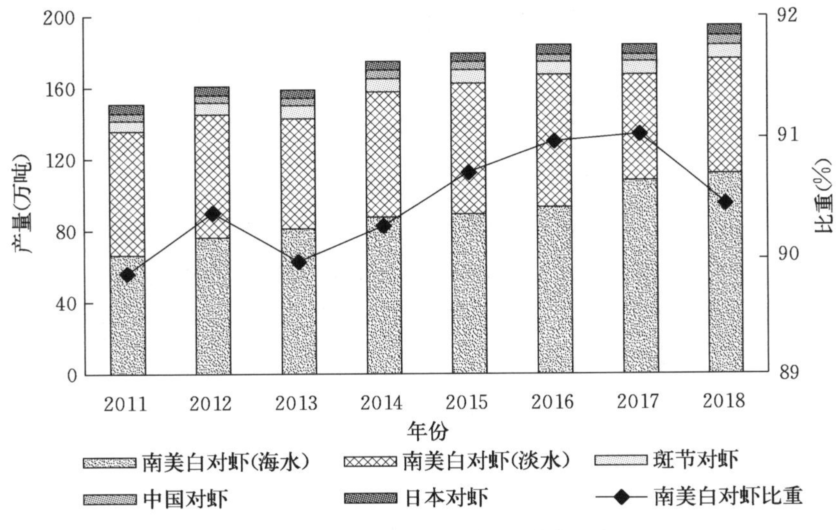

图 1－6　国内对虾养殖各品种产量

（资料来源：《中国渔业统计年鉴》）

养殖）占比一直稳定在90%左右，2018年为176万吨，占90.4%。其他3个品种合计占10%左右，其中斑节对虾产量7.5万吨，中国对虾5.6万吨，日本对虾5.5万吨。从品种分布来看，我国对虾生产的集中度非常高。

三、产业组织现状

我国对虾产业发展面临着如何走向现代化的问题，特别是在构建现代产业体系、采取现代经营形式、树立现代发展理念、培养现代虾农等方面，迫切需要加大力度解决。农业产业组织在解决农业小规模经营与大市场之间的矛盾、保障农产品质量安全等方面作用重大，因此需要高度重视。产业经济研究团队在2019年分别赴山东、广东、江苏等地进行了海水虾养殖情况调研。调研采取问卷访谈形式，共调研56个养殖单位。结合调研样本，并与2017年的调研进行对比，对对虾生产的产业组织发展情况进行分析。

1. 生产主体：小规模散户养殖居多，“小、散”特征短期难以改观

我国对虾养殖一直比较分散，小规模农户养殖较多，大规模的企业化养殖相对较少，这一现象至今未有大的改观，而且从事对虾生产的养殖户大都文化水平不高。

从课题组2019年的调查情况来看，在56个调查样本中，养殖户户主（及企业单位负责人）平均年龄49.8岁，最小30岁，最大66岁，其中39岁及以下的青年仅占12.5%，而40～59岁的中年人比重高达80.3%，60岁及以上的老年人占7.1%。从学历情况来看，在调查样本中，高达57.2%的样本仅有初中或小学学历，高中学历占33.9%，大专及以上学历占8.9%（表1-1）。这一现象表明，我国从事对虾等水产品生产的劳动力和种植业等其他农业劳动力相似，也存在着年龄偏大、科技素质不高等情况。水产品生产相比粮食作物生产需要更高的技术素质，水产养殖业劳动力素质不高的问题更加严峻，这对水产养殖业的发展是非常大的一个制约因素，目前来看，这一问题短期内难以解决。

表 1－1　调查样本基本情况

年龄分组	比重（%）	学历分组	比重（%）
29 岁及以下	0	小学及以下	5.4
30～39 岁	12.5	初中	51.8
40～49 岁	23.2	高中	33.9
50～59 岁	57.1	大专	7.1
60 岁及以上	7.1	本科及以上	1.8

资料来源：根据调查样本计算。

对养殖面积做进一步分析可以更加清晰地看到，对虾养殖户普遍存在着典型的“小、散”特征。例如，从池塘养殖户来看，池塘面积低于 100 亩[①]的样本占多数，而 300 亩以上的很少（表 1－2）。但是在调查中，企业样本（包括合作社）的养殖面积大都在 1 000 亩以上，有些还达到 1 万亩以上，更容易形成规模效应，提高经济效益。尤其是在水产品生产中存在着更大的技术风险、市场风险情况下，规模化经营有助于养殖单位更好地应对风险。

表 1－2　调查样本的生产面积

池塘养殖面积	2017 年		2019 年	
	频数（个）	比例（%）	频数（个）	比例（%）
100 亩以下	80	88.9	22	73.3
100～300 亩	4	4.4	7	23.3
300 亩以上	6	6.7	1	3.3
合计	90	100.0	30	100.0

资料来源：根据调查样本计算。

2. 养殖模式：工厂化养殖已经起步，大范围推广仍需时日

目前南美白对虾的主要养殖模式有五种：土池、小棚、高位池、大汪子和工厂化，此外还有部分地区采取了光伏养殖等新兴养殖模式。

① 亩为非法定计量单位，1 亩＝1/15 公顷。——编者注

（1）土池

2019 年我国南美白对虾约有 280 万亩采取土池养殖模式，其中单养 145 万亩、轮养/轮作 5 万亩、混养 130 万亩。土池养殖模式是一种密度相对低的养殖模式，各地均有大量的土池养殖。由于轮养/轮作和混养在病害防控、经济效益提高等方面具有优势，近年来规模不断扩大。常规的土池养殖池塘规模较小，主要集中于 20 亩左右，亩产量 50～300 千克。例如，广东茂名土池采取了生态养殖模式，混养和轮捕轮放 3.8 万亩，年养殖 1～2 造，每造亩产量 400～800 千克。

（2）小棚

这种模式主要分布在江苏和山东，单个池塘养殖面积一般不到 1 亩，水深 0.6～0.7 米，一般采用机打地下盐水，用农用薄膜覆盖。相比土池养殖密度较高，而且由于受外部环境影响较小，一年可以养殖 2～3 造（冬季用锅炉加温），因此亩产较高，每造可达 350～400 千克。2019 年我国小棚养殖面积约 16 万亩。

（3）高位池

2019 年我国南美白对虾高位池养殖约有 17 万亩，主要分布在浙江、海南和珠三角地区。高位池养殖单个池塘面积为 1～3 亩，池塘底部中央设置排水口，优势在于前期投入比工厂化少，但是产出也比工厂化少，亩产量为每造 1 250～2 500 千克。广东、河北等地的高位池每年养殖 2～3 造。例如，广东茂名高位池养殖 1.2 万亩，每年养殖 2 造，平均单造亩产在 1 000～1 500 千克。

（4）大汪子

也就是大水面养殖，每个池塘面积超过 100 亩，最大规模达到 3 万多亩。该模式属于粗放养殖，绿色环保，但产量较低，每亩产量在 25 千克左右。2019 年环渤海地区包括河北、山东等省份有 200 万亩大水面养殖，此外广西也有一小部分。

（5）工厂化

2019 年养殖面积约有 920 万米^2，集中在辽宁、河北、福建、山东、江苏等地。工厂化养殖模式是通过生物净化和自动化等现代化技术和设施进行高密度集约化养殖的模式，初期投入很高，但产量也较高。工厂化养殖因受自然条件限制少，灵活性较高，养殖户可以自己安排投苗时间，养殖造数一般在2～3造。在茂名地区，工厂化养殖模式有8万$米^2$，年养殖3～4造，采用循环水养殖模式，每立方米养殖产量2.5～12.5千克。

目前还有一些地区开展光伏养殖，即在光伏阵列下建池塘进行养殖，具有“一地两用，渔光互补”的特点。光伏阵列可以为鱼虾提供良好的遮挡，较好地解决了发展新能源和大量占用土地的矛盾，在一定程度上实现了社会效益、经济效益和环境效益的共赢。

总体来看，从最初的户外土池、高位池到室内半封闭管理的小棚、大棚，再到近年出现的工厂化养殖，我国的对虾养殖模式在不断发展。“小水体＋水泥池＋温棚”的工厂化养殖，不受制于外在环境及天气，温度、水质等总体环境可控，在严格精准的养殖管理技术操作下，全年都可出虾，产量高、效益好。因此，相对封闭易控的工厂化养殖模式被认为是对虾养殖的发展方向。

但是在实践中，工厂化养殖模式的推广进度并不快。2017年课题组调查的104个样本中，共有11户采取了工厂化养殖模式，占全部样本的10.6%。2019年课题组特意增加了工厂化养殖户的调查，共有22户（表1-3）。根据此项调查发现，新模式的出现与推广对养殖户来讲是新的尝试和挑战，尤其是循环水养殖，所需资金成本较大、对技术要求较高、风险与利润并存，因此大范围的推广仍需时日。作为未来的发展方向，迫切需要政府出台相关政策鼓励和支持对虾工厂化养殖发展。

在2017年调查的11户工厂化养殖单位中，企业有3家，平均养殖面积为29.8亩；养殖户有8家，平均养殖面积为1.95亩（表1-3）。2019年调查的22户工厂化养殖单位中，企业有1家，养殖面积为22.5亩；养殖户有21家，平均养殖面积2.2亩。个体养殖户工厂化养殖面积基本在2亩左右，主要是因为工厂化养殖建造成本较高，而养殖户资金有限，难以实现大规模的工厂化养殖。

表 1－3 调查样本工厂化养殖情况

养殖单位性质	2017 年		2019 年	
	频数（个）	平均养殖面积（亩）	频数（个）	平均养殖面积（亩）
企业	3	29.80	1	22.50
养殖户	8	1.95	21	2.19
合计	11	9.55	22	3.11

资料来源：根据调查样本计算。

工厂化养殖模式在水处理方面可分为静水式、流水式和循环式。静水式采用开放式水系统，用水体交换方式来维持水质、水温等条件以达到养殖环境的要求，这既浪费水源，又会导致水域环境富营养化，而且养殖量也较低。而循环式则是一种高产高效益的水处理方式，采用封闭式循环水系统，回流率在 80%以上，不仅节水和环保，也有利于可持续发展。但是因为建造成本高，在工厂化养殖调查样本中，大部分采取了静水式和流水式，只有很少的单位采用了循环水处理方式（表 1－4）。这一问题与循环式成本较高有关。只有具有雄厚的实力，才能开展大规模的循环水工厂化养殖模式。

表 1－4 调查样本工厂化养殖水处理方式

工厂化养殖水处理方式	2017 年		2019 年	
	频数（个）	比例（%）	频数（个）	比例（%）
静水式	5	45.5	2	9.1
流水式	5	45.5	17	77.3
循环式	1	9.1	3	13.6
合计	11	100	22	100

资料来源：根据调研样本整理。

资金的约束问题同样表现在池塘养殖模式上。2017 年调查的采用池塘养殖的 93 户样本中，只有 10 户采取了高位池模式；2019 年的调查同样如此，只有 6 户采用了高位池模式，低位池占比将近 90%（表 1－5）。另外，大多池塘养殖户采用的都是土池。粗放型土池易老化酸化，且占用水资源多、占用耕地面积大、单位面积产量低，将来必然会逐渐向高技术、高资本的集约化高位池养殖过渡。但从数据调查情况来看，这一过渡还需时日，仍然需要大力推广和扶持。

表 1-5　调查样本池塘养殖情况

池塘养殖模式	2017年		2019年	
	频数（个）	比例（%）	频数（个）	比例（%）
高位池	10	10.8	6	11.5
低位池	83	89.2	46	88.5

资料来源：根据调研样本整理。

3. 产业链条：上游环节竞争乏力，下游环节拓展不畅

产业链是一个产业各部门之间基于一定的技术经济关联，并依据特定的逻辑关系和时空布局关系客观形成的链条式关联关系形态。总体来看，目前我国对虾产业链仍然不够完整。

（1）种苗环节

我国的南美白对虾产业历经了几十年的发展，但对虾种苗业并没有明显进步，我国的南美白对虾亲虾主要从国外引入或从海里捕捞，由于自然资源锐减，国外引种程序繁杂且价格昂贵，全人工亲虾培育已成为对虾养殖的关键技术。一方面对虾亲虾大量依赖进口，另一方面市场上充斥着大量“二代苗”和“土苗”。养殖户用的虾苗有来自大品牌的，也有来自小育苗场的。由于分散的养殖户大多数缺乏专业知识，也没有专业检测仪器，所以购苗时缺乏有效的检测技术和手段；加之种苗市场监管缺位，难以保证种苗的质量。养殖户购买时只能碰运气，即使之前买的种苗较好，之后再买同一家的也很难保证质量，有些大品牌亦是如此。同时虾苗市场乱象丛生，养殖户很难获取虾苗的相关信息，虾苗的购买只能是一家看一户。对于虾苗的问题，养殖户倍感无奈。全部调查样本 2017 年虾苗成活率平均为 55%，2019 年平均仅有 48.2%。可以说，虾苗生产已经成为关系到整个产业发展的最重要的环节。

（2）饲料环节

饲料产业作为对虾产业的上游环节，直接关系到对虾生产的发展。从饲

料质量来看，目前国内饲料行业尤其是大品牌饲料，都已经比较可靠，应该说是问题不大。从市场占有率来看，国内外饲料行业的市场集中度都比较高。从调查来看，养殖户购买饲料具有两个突出特点：一是集中性，调查样本所投入的饲料品牌有10余个，基本为大品牌，个别小品牌只有一两家养殖户使用；二是区域性，饲料品牌的分布具有极强的地域特征，一个区域的养殖户大部分都使用同一个品牌的饲料，养殖户对饲料品牌的选择，与年龄、文化程度、养殖规模等因素没有关联，基本上都是取决于当地流行哪种品牌。

（3）销售环节

销售环节是另一个关系到对虾产业发展的环节。作为产业链的下游环节，销售渠道和方式影响到产品的销路和市场开拓以及未来发展。从目前来看，受制于对虾产业的特殊性以及其他因素，对虾销售渠道非常集中，呈现出高度的单一化、被动化、集中化特征。在调查中，养殖户销售对虾表现为“三化”：一是高度集中化，绝大部分养殖户的对虾销售渠道都集中在批发商和小商贩；二是高度单一化，大多数养殖户只有一种销售渠道，少数养殖户有两种销售渠道且大部分集中在批发商和小商贩；三是高度被动化，养殖户很少主动出击寻找销售机会，都是在塘边坐等上门收购。而从各级中间商到消费者，中间会加价10～20元/千克，中间商的存在，使得养殖户的收益下降，消费者的购买成本上升。在调研过程中发现，很少有鲜虾线上交易，“电商直达”概念还没有形成，而且像对虾这种易死亡、易腐烂变质的鲜活水产品，线上销售仍面临很多亟待解决的实际问题。

上述“三化”现象的广泛出现，其背后有深刻原因：一是由对虾产品特性和市场特征所决定，按养殖户自己的说法就是，对虾生产出来就不愁卖，所以没有必要自己去搞促销、主动出击；二是对于大量分散的个体养殖户来讲，其产量有限，主动拓展销售渠道寻找市场，会大大增加成本、降低利润。但是，“三化”现象的存在也反映出当前对虾产业存在的一个严重问题，即生产环节受制于销售环节，生产者对市场行情、价格变化都是被动了解、被动接受，在产业链中难以实现生产者定价。这种状态影响到对虾产业链的利润分配，导致生产环节利润下降，长期来看并不利于产业发展。

4. 组织体系：合作社效果不彰，龙头企业较少

（1）合作社

合作社有利于提高政府效率、降低企业交易成本、增加农民收入。在对虾养殖中，成立合作社能够统一采购饲料、统一提供技术指导和培训，并且为养殖户提供金融服务，最终帮助虾农提高养殖成功率，减少虾农和经销商的风险。近年来，我国不少地方成立了对虾养殖合作社。从实践效果来看，虽然不少对虾合作社能够起到帮助社员发展、为社员提供各种服务的作用，但是在大多数地区，由于多种因素的影响，对虾养殖并没有普遍形成效果良好的合作社。合作社经营模式已经发展了十几年，但在水产养殖上成功应用的例子并不多见。在 2017、2019 年调查中，参加合作社的养殖户比例均不超过 10%，这一比例远低于农林牧渔的其他部门。调查发现，很多养殖户没有参加合作社，主要是因为“当地没有对虾合作社”“合作社没有啥用”“自己单干比较自由”，甚至还有已经加入合作社的养殖户认为“加入后觉得没有帮助，目前想退出”。

根据课题组了解到的情况，其原因有以下两点：第一，对虾养殖户参加合作社与否的一个重要因素是周围其他养殖户，如果周围有养殖户参加了合作社，就有明显的示范效应和带动效应；第二，与对虾合作社数量的稀少和对虾养殖具有较大风险相关，参加合作社虽然对购买饲料、打造销售渠道有一定作用，但对降低养殖过程中的风险作用不大，并不能有效保障养殖户收益，很多养殖户认为参加合作社没有多大用处。也就是说，从养殖户的角度来看，在对虾产业中合作社发挥的作用有限。如果对虾合作社在建立之后不能迅速发挥作用，那么养殖户很快就会退出。

（2）龙头企业

龙头企业在农业产业链中具有“龙头”地位，我国对虾养殖比较分散，农户分散养殖较多，对虾产业的发展需要引导和培育一批与农业、农民利益结为一体的龙头企业。从部分地区的经验看，龙头企业的拉动效应已初步显现，在带领农民走向市场，推进农业产业化、国际化和标准化方面能够发挥突出作用，在解决农产品生产分散、促进产业发展中的地位也日益显著。但总体来看，对虾产业的龙头企业无论是在数量上还是在带动效应上，与其他

农业产业相比仍有不少差距。在调查中，除个别大型企业外，大多数养殖企业规模都不大，且基本上都只从事单一的养殖生产活动，并没有形成完整的产业链，因此难以发挥龙头企业的作用，对周围养殖户的带动、示范、指导作用仍有待加强。作为龙头企业，应该内联千家万户，外接国内外市场，既是加工销售中心，又是市场信息捕捉筛选中心，还是科技推广服务中心。从这个视角来看，国内对虾行业仍然缺乏比较成熟的龙头企业。

5. 质量建设：品牌意识不足，认证意愿强烈

质量指产品适合一定的用途、满足人们需要所具备的特点和特性的总和，也是产品的适用性。农产品质量包括产品的内在特性（如产品营养、化学成分等）、外在特性（如形状、外观、色泽、气味等）、经济特性（如成本、价格等），既可以从感官指标、理化指标、卫生指标、药物残留指标等方面衡量内在质量，也可以从外观、包装、品牌、商标等方面评价外在指标。鉴于国家虾蟹产业体系的岗位分工，本部分的质量建设分析主要针对品牌建设、产品认证等外在质量进行研究。

（1）品牌建设

品牌建设对于企业拓展市场、提高产品美誉度有着巨大的推动作用。但从调查整体情况来看，我国对虾产业的品牌建设意识非常薄弱。在 2017 年调查中，仅有 8.7%的样本使用了商标，其中包含了 4.3%的使用合作企业品牌的养殖户。而在 2019 年的调查中，仅有 2 个企业使用商标，占 3.6%（表 1－6）。可以说，在对虾生产中品牌建设非常滞后，广大个体养殖户普遍缺乏品牌意识，企业的品牌建设工作同样需要进一步加强。

表 1－6　调查样本品牌建设情况

项　目		2017 年		2019 年	
		频数（个）	比例（%）	频数（个）	比例（%）
申请或使用商标	是	9	8.7	2	3.6
	其中：企业	5	4.8	2	3.6
	养殖户	4	3.8	0	0
	否	95	91.3	54	96.4

（续）

项　目		2017 年		2019 年	
		频数（个）	比例（%）	频数（个）	比例（%）
未申请商标原因	不知道如何申请	4	10.8	33	32.3
	申请程序麻烦	2	5.4	11	10.8
	申请费用高	0	0	7	6.9
	没有必要	31	83.8	51	50

资料来源：根据调研资料整理。

对于未申请商标的原因，在给出的四个原因中，在 2017 年的调查中大多数养殖户选择“没有必要”，而在 2019 年的调查中则大多数养殖户回答“不知道如何申请”或者“申请程序麻烦”。这在一定程度上反映养殖户对商标品牌的态度已由“没必要”转变为“想做”。但是，整体上调查样本普遍存在对品牌建设的不重视，是品牌意识缺乏和实力不足的体现，同时也反映出个体养殖模式的落后，需要加快向工业化、规模化发展。

（2）产品认证

产品认证是产品质量的又一体现。目前开展的水产品质量安全认证主要有绿色食品认证、有机食品认证等。从生产者角度来讲，进行产品认证可促进自身在生产、供应、销售等环节中自觉遵守认证标准、保障产品质量，同时也可通过质量安全认证提高在消费者心目中的形象和市场竞争力，从而提高产品附加值。2019 年的调查发现，虽然已经开展对虾产品认证的养殖户和企业数量不多，但大家对未来开展产品认证的意愿相对较高。

调查显示（表 1－7），样本参与认证的动机表现出明显的主动性，即有很强的意愿参与产品认证。在被问及“如果当地政府有或者准备申请农产品区域公用品牌、原产地认证，你愿意使用吗”时，94%的样本是有意愿使用的，而且绝大部分样本也愿意遵守相应的使用规定。但是，如果需要支付一定的使用费用，样本愿意使用的比例就下降到 66.7%，有相当一部分养殖户不愿意花钱使用公共品牌和原产地认证。这反映出大多个体养殖户认识到产品认证的重要性，但是又不愿意花钱承担费用，这是一种典型的“搭便车”心理。

表1-7 调查样本参与产品质量认证意愿（2019年）

单位：%

项　目	如果当地政府有或者准备申请公用品牌、原产地认证，你愿意使用吗？	如果需要严格遵守规定，你愿意使用吗？	如果需要支付一定费用，你愿意使用吗？
愿意	93.9	96.7	66.7
不愿意	6.1	3.3	33.3

资料来源：根据调研资料整理得出。

与已经形成“阳澄湖大闸蟹”“盱眙龙虾”等著名品牌的水产品相比，我国对虾仍未形成知名品牌，尤其是养殖户的品牌观念、质量意识仍有待提高。实际上，对虾养殖在品牌方面是具有一定优势的，如大水面养殖的对虾品质绝佳，可与千岛湖大头鱼媲美，完全可以做成独树一帜的品牌，有了品牌之后，养殖户的议价能力将会出现质的飞越。但这需要政府和企业共同合作、加强宣传，努力打造出具有全国知名度的对虾品牌。

6. 政府作用：政策有待加强，养殖户期望技术和资金扶持

政府实施有效监管和政策扶持，对于一个产业的健康发展具有重要的引导作用。从调查来看，目前相关部门在对虾生产过程中能够发挥监管作用，各地管理部门基本上都能定期或不定期地检测水样虾样、在出虾时抽查药物残留等。但各地履职情况不尽相同，有的地方采取定期检测，有的采取不定期检测，每年检测次数也不同，多的有10余次，少的仅有1次，个别地方还存在没有检测的情况。

在政府政策扶持方面，养殖户反映一直比较强烈。2019年有89.3%的样本认为当地政府没有出台相关扶持政策，比2017年上升了8个百分点。这可能是因为最近两年的环保风暴影响到不少养殖户。当被问及当地政府出台了哪些政策时，绝大多数养殖户都回答不出来，少数养殖户回答当地政府提供技术培训、检测、虾苗营养剂购买补助等。当然，养殖户个体对政府政策扶持的理解会有偏差，也可能是由于养殖户并不太关注政府的相关政策，但这在整体上还是可以反映出不少问题，其直接结果就是养殖户对政府不满

意。在对政府政策的满意度调查中，以十分制评价，养殖户的满意度仅勉强达到 6 分的及格线。

关于未来希望政府提供哪些扶持政策（图 1－7），养殖户的选择排在第一位的是“提供技术支持”，有 66％的样本都做此选择；排在第二、三位的则是“提供财政补贴”和“提供无息贷款”，选择比例分别为 60.7％和 42.9％，反映出广大个体养殖户普遍希望政府提供资金支持。这与对虾养殖尤其是工厂化养殖需要投入较多资金、风险较大有关，有些个体养殖户想做大做强，但苦于缺乏资金，而银行不愿为养虾户提供贷款，民间贷款利率又很高，所以发展难以实现。

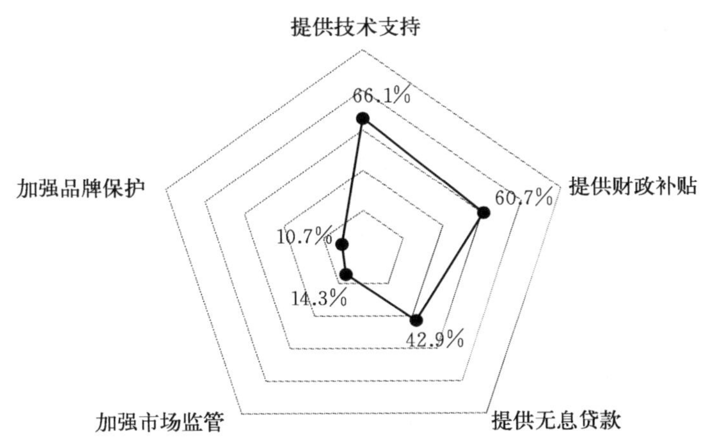

图 1－7　调查样本对政府扶持政策的期望

（资料来源：产业经济研究团队调研资料）

四、我国对虾产业发展存在的瓶颈

经过多年发展，我国对虾产业逐渐走向理性，消费不断扩大，市场前景向好。但不容忽视的是，当前我国对虾产业发展也存在着不少障碍和问题，需要多方共同努力，促进产业良好、有序、健康发展。

1. 生产主体素质有待提升

根据课题组调查，目前我国对虾养殖呈现大量散户和少数大型企业并存的二元化模式。中国对虾养殖一直比较分散，农户小规模养殖较多，而且从事对虾生产的农户大都文化水平不高。这种典型的生产主体分散状态，不利于我国对虾产业长远发展和健康壮大。

（1）个体养殖户难以形成规模效应

企业化的生产方式有多方面优势，不仅能够实现规模经济，还有利于提高科技水平、构建质量保证体系、拓展产业链。而小规模养殖户则由于资金、技术、科技素质的缺乏，大都属于粗放式生产，难以实现科技创新、质量保障。对虾养殖技术难度不算太高，对于分散的养殖户而言，进入和退出门槛都较低，所以就形成了“赚钱就进来，赔钱就走人”的现象，造成生产主体不稳定。尤其是不少虾农只愿意短期租赁虾塘，一般租期为3～5年，他们不愿意投入更多资金进行基础设施建设，养殖水平难以提高，更难以形成规模化、工厂化。

（2）个体养殖户观念落后

近年来很多养殖户反映对虾越来越难养，成功率也越来越低，但同时有很多养殖户养殖效果很好，而这些养殖户一般都乐于接受新鲜事物、思想观念比较开放，敢于尝试新的养殖理念和模式。未来水产养殖业的发展，是通过养殖理念的更新和新养殖模式的推广来实现的。但是，目前主要靠经验的养殖户还是很多，有的甚至已经养了二三十年，要想改变观念、推行新的养殖模式还是很难。

（3）个体养殖户科技能力不足

以最大的影响因素之一——虾苗为例，当前个体养殖户普遍缺乏对虾苗品质的辨识能力。分散的养殖户大多数缺乏专业知识，也没有专业检测仪器，所以在购苗时缺乏有效的检测技术和手段，难以保证种苗的质量，能否成功主要“看运气”。在调查中，全部调查样本2017年虾苗成活率平均55％，2019年平均仅有48.2％。另外，由于分散的养殖户规模小、无实力，绝大部分养殖户沿用老一套养殖技术，技术水平有待提高。

2. 科技创新能力有待提高

（1）种苗仍是行业短板

好的虾苗是养殖成功的基础，虾苗问题已经成为我国对虾产业发展的制约因素。一方面，由于目前尚无针对虾苗良种的认证，行业内对良种的判别大多遵从实践效果，往往认为进口一代苗和养殖成功率高的种苗即为良种。但在实践中，种苗的养殖成功率受很多因素的影响，除了种苗本身，养殖环境是一个非常重要的因素。同一种苗，在工厂化环境中养殖成功率可能很高，但在大水面池塘养殖中未必能行；同样，在大水面池塘养殖很成功的种苗，放到高位池和工厂化养殖环境中未必高产。因此，如何界定和认证良种，仍需进一步推进。另一方面，由于对虾投入品包括虾苗的市场是完全开放的，虾苗的购买是纯粹的市场行为。我国对虾养殖行业仍以大量的散户为主，养殖户在购买虾苗时除了关注质量，从成本角度考虑也会关注价格。大多养殖户在观念上把好苗作为养殖成功的充分条件，而不知道好苗是养殖成功的必要条件之一。而且作为养殖户，对于好苗的判断完全靠经验和销售人员的宣传，很多时候用他们自己的话讲就是“碰运气”。由于利益驱使，有的种虾场直接从国外走私商品代大虾到中国做苗种，打着进口“种虾”的旗号欺骗误导养殖户。因此，即使科研人员和规范的育苗企业研究和培育出了生长性能、抗逆性能等各方面都不错的良种，其是否能投入到养殖生产中，除了技术推广的力度，最终还取决于养殖户是否购买。解决种苗问题，迫切需要国内良种认证制度的建立，同时也要加强种苗市场的监管力度。

（2）对虾病害问题频发

近年来各级渔业行政主管部门及水产技术推广、水生动物疫病预防控制机构、水产科研院所及高校、国家虾蟹产业技术体系，凝聚力量，坚持问题导向，在白斑综合征、传染性皮下和造血器官坏死病、虾虹彩病毒感染、虾肝肠胞虫病等的定量检测技术、流行病学、致病机制、生物安保、生态防控措施等方面，攻坚克难取得了显著成绩，病害发生率控制在25%以下。尤其在白斑综合征的防控上，国家虾蟹产业技术体系突破了对虾白斑综合征生物防控技术，使我国养殖对虾白斑综合征发病率由50%下降到目前的5%以下，摆脱了白斑综合征对我国对虾养殖产业20多年的威胁，保证了对虾养殖产业的可持续发展。然而新的病害仍在出现，例如，2018年的黑脚病、微孢子虫等病害对产业发展打击非常大，还没有找到非常行之有效的解决方法，今后需要继续警惕和预防育苗和养殖过程中的各种病害问题。目前来看只有少数大型企业能够做到生产科研一体化，在科技方面投入资金培育新品种、研究新技术，这就导致对虾行业整体科技创新不足。

3. 产业组织体系有待拓展

（1）上下游链条有待进一步完善

在对虾产业链中，上游种苗产业存在着严重的“散、乱、弱”现象，苗场实力不强，种苗市场混乱，缺乏核心技术。在销售环节，绝大多数养殖户和企业都是坐等商机，销售渠道单一、高度依赖批发商、被动接触市场、产销对接不足。部分加工企业在收虾时对养殖户进行人为压价，看似“销售无忧”的背后无形中存在被动接受市场价格的危机，这必将影响到养殖环节未来的健康发展。

（2）龙头企业带动作用不够

农业产业组织在解决农户小规模经营与大市场之间的矛盾、保障农产品质量安全等方面起着越来越重要的作用。但目前中国的对虾养殖仍然非常分散，农户分散养殖较多，大规模的养殖企业相对较少，且中国的政府机构、科研院所、龙头企业和技术协会等组织与大量的养殖散户尚未进行整合协作，相互分离，所以致使中国难以形成整体性的产业联盟，行业组织化程度低。少数的大型企业也缺乏对周边养殖户的带动。在技术推广方面，大都是依靠各地水产技术推广站、药品和饲料经销商以培训会的方式进行，效果低下。

（3）政府作用依然不彰

整体来看，政府市场监管力度有待提高。如虾苗生产监管不到位，虾料、虾药市场监管力度不高，存在不少假冒伪劣产品。同时，政府在对虾产业发展上缺乏相应政策支持，地方省份包括对虾主产区政府扶持力度不够。如广西北海地区因为环保问题，采取一刀切的规定，一律不给新的养殖企业办理许可证。北方一些地方政府大量关停小锅炉，对南美白对虾养殖户采取一关了之的做法，而且没有后续解决方案，未提供进一步的解决措施和扶持政策。

五、进一步完善我国对虾产业组织体系的政策建议

1. 强科技：提高产业科技含量

发展我国对虾产业，要务之一就是提高技术增长率、提高科技对对虾产业的贡献率，同时加强在技术推广方面的资金、人力等投入，将科研成果和

新技术应用于实际生产中，使新技术新成果尽快转化为现实生产力。

（1）推进良种认证制度，加强种苗市场监管力度

良种的多样化和优质化是带动产业结构优质化升级的关键。要加快推进良种认证制度，加大新品种引进繁育的力度，支持企业引进和繁育良种，同时加强种苗市场监管，维护市场秩序。

（2）加强新技术研究，提高成果转化能力

在对虾生态工程化养殖、智能化养殖、机械化养殖、循环式、养殖尾水处理、功能性饲料等多方面加大研究投入，全面提升产品质量，提升养殖水平和综合服务能力。组织建立对虾科技项目库，集中优势力量，重点加强水域合理养殖容量评估、对虾产品药物残留快速检测等关键技术的研究，不断提高研究成果的应用能力。

（3）加大人才培养，增强服务能力

借助国际优势资源，加强团队培训和技术交流，实施人才培养计划，加快科技人才队伍建设，确定一批专业带头人，造就一些具有专业特点的专家和技术骨干。加快培养对虾科技服务人才，提高整体技术服务水平，增强技术服务能力。

2. 提素质：提升产业主体素质

我国对虾产业发展面临的另一大瓶颈是生产主体的低素质化：一方面，数量占大多数的分散养殖户科技能力不足、模式提升困难；另一方面，种苗、养殖、加工、销售等环节的相关企业，同样也存在着国际竞争力不强、知名度不高等问题，因此对虾产业迫切需要提升产业主体素质。

（1）加快实现工厂化、智能化

工厂化是未来的发展趋势，尤其是目前国家的环境保护力度前所未有，养殖用地越来越少，工厂化循环水等设施化养殖模式成为发展趋势。工厂化养殖一方面要对排出的残饵粪便进行收集、加工，实现养殖废物的资源化利用，另一方面还要对养殖废水进行生态净化，进行微生物调水等综合处理。即使是采用传统方式的养殖，也要力争做到集约化、生态化、智能化，有效解决养殖中所面临的食品安全和环保问题。可以说，绿色环保是未来立足行业的根本。

（2）提升市场意识

当前对虾生产主体中，无论是养殖户还是企业，都缺乏市场意识。在当前需求旺盛、价格高企、不愁销路的市场环境下，大部分养殖户都仍停留在“生产观念”阶段（即卖方市场下产品供不应求，生产者仅重视生产效率、提高产量，忽视营销、忽视质量），缺乏主动意识、危机意识、品牌意识、质量意识，与现代市场经济下其他行业早已树立的“产品观念”（重视产品质量）、“推销观念”（重视产品促销）、“营销观念”（市场需求指导生产）等相比，市场意识落后。

3. 抓质量：健全产品质量安全体系

随着人民生活水平的提高和消费观念的改变，安全食品成为未来发展方向。未来我国对虾产业的发展，无论是育苗还是养殖或是食品的生产和销售，无论是种虾引进还是种苗出售、大虾养殖还是食品加工，都需要逐步做到健康、绿色、无污染，实现全程可追溯，以满足未来消费者的需求。

（1）积极推行认证制度

加强无公害水产品产地认定、产品认证和标识管理工作，积极推行良好操作规范（GMP）、良好农业规范（GAP）、HACCP体系认证和绿色食品、有机食品等多种形式的质量认证，形成水产品产前、产中、产后的质量认证网络，从而提高对虾产品在国际市场上的竞争力。地方政府应加强认证宣传，帮助养殖户树立质量意识，同时也要通过补贴、补助等政策对认证工作进行扶持。

（2）建立质量监测制度

政府要建立符合国际标准的质量监控体系，各部门包括出入境检验检疫、外贸、水产等部门要通力合作，将对虾产品生产、加工、流通等环节全部纳入质量监控之下，并加大检验检疫执法力度，坚决杜绝质量不合格的对虾产品流入市场。

（3）实施对虾品牌战略

产品的竞争力最终集中表现为品牌的竞争力。我国对虾产业应树立品牌意识，政府部门和相关对虾生产、加工、出口企业要加大品牌建设力度，挖掘品牌价值为对虾带来的市场价值潜能，回应市场对食品安全的更高要求。

一方面，要开展有机食品生产，建立无污染、生态化的养殖加工模式，建立对虾原产地标识，创立对虾品牌；另一方面，要积极参加影响面广的世界水产业博览会、展销会等，利用各种活动宣传推介产品品牌，塑造良好企业形象，进而抢占市场、增强对虾产品竞争力。

4. 建组织：提高产业组织化程度

（1）加大产业价值链协作

对虾产业链包括种苗、养殖、饲料和加工等环节，目前我国对虾行业有种苗、养殖和加工等涉及生产环节的协会，但却没有一个可以将政府、企业、养殖户和市场联系起来的协会，因此建立一个覆盖整个产业链的对虾产销协会是非常必要的。一要发挥其在规范准入标准、维护企业利益、协调行业整体利益、防止恶性竞争等方面的积极影响；二要发挥其传递最新信息的功能，将其作为一个平台，让虾农、企业、专家能及时了解产销信息，进行技术互动，共同解决实践问题；三是加强“苗、料、菌、矿、饵料”配套销售、安全健康大虾回收、零售终端网点建设等工作，在对虾养殖工艺、管理、效率等方面进行全面探索，完善产业链，提升产业竞争力。

（2）支持龙头企业发展

“公司＋基地＋农户”模式是包括公司、农产品生产基地和农户三个层次的经济联合体，可以利用龙头企业在资金、技术、人才等方面的优势，统一养殖标准，推广高效健康的养殖技术，从源头上保证对虾产品质量安全，也使得产品源头具有可溯性，也能够有效保证企业的原料来源，因此是对虾产业发展切实可行的有效途径。通过调整对虾龙头企业和农户的利益分配机制，使产业链上的龙头企业和农民结成风险共担、利益共享的经济共同体，形成养殖、加工、销售一体化的产业运作模式，能够使科学技术和质量管理从销售环节前向延伸，带动对虾产业生产规范化、质量管理科学化，改变传统、粗放的经营方式，提高整个产业链的质量和利益。政府应为对虾龙头企业的发展创造良好的外部环境，减少对龙头企业的直接干预，强调政府政策的支持、引导和服务作用。

（3）加大政府支持力度

对虾产业结构的战略性调整、产品质量的提高、出口竞争力的提升，都离不开政府的强有力支持。政府要加强水产科研和渔业基础设施建设方面的投入，促进对虾产业长期发展。应发挥自身优势，指导企业积极参与各类认证，如环境标准和绿色标准的认证，提升企业及其产品竞争力。要高度重视对虾良种的选育，制定一系列向良种生产倾斜的优惠政策，从政策和资金上加大扶持力度；同时，把农业良种补贴政策覆盖到对虾养殖，引导养殖户使用良种。要支持科技含量高、附加值高、核心竞争力高的对虾产品和龙头企业，支持培育涵盖对虾苗种、养殖到加工贸易各个产业环节的大型龙头企业，支持龙头企业为合作社和广大虾农提供新种苗、技术指导、质量管理、病害防治等多方面的服务，促进生产标准化、经营产业化和服务社会化。政府应对养殖户参加相关保险给予政策支持和资金补助。

第二篇 DI’ERPIAN

天道酬勤

一、成本收益分析的数据来源和指标选取

1. 数据来源

本部分分析所用数据由国家虾蟹产业技术体系产业经济研究团队于2017年至2019年8月深入对虾养殖主产区，通过对对虾养殖企业和养殖户的实地调研获取，主要了解了养殖户2016—2019年的养殖成本收益情况。团队根据每年实地调研情况筛选样本，剔除数据不完整或非典型的样本，由于2017年调研地区每个养殖户的养殖造数在1～4造不等，故以每造数据为单个样本进行分析，2018年和2019年调研地区养殖造数为1～2造，养殖户间造次较为一致且数量较多，故以每个养殖户为单个样本进行分析。2016年养殖有效样本共计61户，其中山东省17个，广东省14个，江苏省30个；2017年养殖有效样本共计37个，其中山东省9个，广东省2个，江苏省16个，广西壮族自治区1个，河北省9个；2018年养殖有效样本共计53个，其中山东省22个，广东省8个，江苏省23个。2019年养殖有效样本共计55户，其中山东省24个，广东省7个，江苏省24个，由于调研时广东省高位池养殖第二造尚未出虾，故只获取了其2019年第一造的数据。此外，需特别说明的是，年际样本选取地存在部分差异，如2017—2019年样本选取地中不包括山东省烟台市和滨州市地，2016年、2018年以及2019年样本选取地中不包括广西和河北。样本调查地区分布数量如表2-1所示。

表2-1　样本调查地区数量分布

单位：个

地区		2016年	2017年	2018年	2019年
山东省	日照市	4	9	22	24
	烟台市	3	0	0	0
	滨州市	10	0	0	0
广东省	湛江市	13	2	7	7
	茂名市	1	0	1	0
江苏省	连云港市	30	16	23	24
广西壮族自治区	钦州市	0	1	0	0
河北省	沧州市	0	9	0	0
总计		61	37	53	55

有效样本中调查对象包括三大类：家庭（承包）养殖户、养殖企业和养殖合作社，2016 年总计 61 户，包括 54 户家庭（承包）养殖户，7 户养殖企业；2017 年总计 37 户，包括 22 户家庭（承包）养殖户，11 户养殖企业和 4 户养殖合作社；2018 年总计 53 户，包括 49 户家庭（承包）养殖户，3 户养殖企业和 1 户养殖合作社，2019 年总计 55 户，包括 51 户家庭（承包）养殖户，3 户养殖企业和 1 户养殖合作社（表 2－2）。可以看出，目前我国南美白对虾养殖以家庭（承包）养殖为主。

表 2－2　调查对象结构

类别	2016 年		2017 年		2018 年		2019 年	
	样本量（户）	占总样本量比例（%）	样本量（户）	占总样本量比例（%）	样本量（户）	占总样本量比例（%）	样本量（户）	占总样本量比例（%）
家庭养殖户	54	88.52	22	59.46	49	92.45	51	92.73
养殖企业	7	11.47	11	29.73	3	5.66	3	5.44
养殖合作社	0	0	4	10.81	1	1.89	1	1.81
总计	61	100.00	37	100.00	53	100.00	55	100.00

2. 指标选取

以下分析中总成本由可变成本和固定成本构成，其中可变成本包括虾苗、饲料、虾药、水电气、仓储运输、临时员工工资、其他费用，固定成本包括土地租金、固定员工工资、设备维修、贷款利息、固定资产折旧费用。根据实地调研，各项成本的具体情况如下：

（1）虾苗

虾苗的价格为 100～300 元/万尾，养殖户一般使用海南一龙、海威、海南海大、通威、正大等品牌虾苗，还有的养殖户使用当地小育苗场的种苗，2018 年和 2019 年的样本中养殖户没有自己育苗的情况。从虾苗投放量来看，规模较小的土塘一般在 3 万～9 万尾/亩，高位池一般在 10 万～25 万尾/亩，工厂化虾苗一般在 30 万～100 万尾/亩。虾苗成活率取决于虾苗质量、养殖方式、养殖水平、气候条件、水体质量等综合影响因素，养殖户之间、不同养殖模式之间、不同造次之间差异都较大，规模较小的土塘养殖成活率为20％～70％，高位池为50％～70％，工厂化为30％～90％。

（2）饲料

饲料是对虾生长的物质基础，是影响对虾养殖的重要环节，投喂优质饲料不仅可以缩短对虾的养殖周期，还可以减少虾病发生。虾饲料分为配合饲料和鲜活饲料，目前养殖以投喂配合饲料为主，养殖户根据自身需求购买相应价位和品牌的饲料，有恒兴、通威、国联、海大、正大、三发、海会等品牌饲料，价格每千克4～12元不等。2018年样本中有1位养殖户在养殖前期（1个月左右）会投放鲜活饲料，如卤虫（每千克4元左右）、扇贝边（每千克8元左右）、虾皮等。饲料也要根据天气、水温情况进行投喂，天气越好，虾觅食情况越好，饲料投喂量也越多。饵料系数通常在1∶1～1∶2。

（3）虾药

虾药主要用于消毒（如二氧化氯、弧菌净）、肥水（如复合肥、黄金酵肥）、调水（如光合细菌、芽孢杆菌）、改底（如底特力、水底双优）、抗应激（如健虾宝、解毒宝、钙镁宝）等。常见的虾病主要包括肝肠胞虫病、急性肝胰腺坏死病、肝胰腺坏死综合征、十足目虹彩病毒1感染、白斑综合征等。虾病以防为主，配合水质改良和增氧。水质改良使用的是微生物制剂，这些制剂同样具有一定的病害防治功能，通常根据水质的情况进行投放，而养殖密度是影响水质的重要因素，因此在养殖过程中药物投放频率与养殖密度直接相关。由于不同养殖模式养殖密度不同（土池＜高位池＜工厂化），因此药物投放的频率也为土池＜高位池＜工厂化，工厂化进行药物投放的频率最高可达每天1次。

（4）水电气

水电气费用中最主要的为电费。因为调研地区多在海边，南美白对虾以海水养殖为主，多为引入海水，基本不产生水费，只需要自己承担水泵的电费。养殖用水一造一换（大水面养殖目前大多养殖户不换水）。江苏连云港地区离海边较远，采用地下水（为半盐水）养殖，2018年样本中有13位养殖户有用水费用。电费主要为日常养殖机械耗电费用，调研区域用电单价基本相同，区别仅在于不同养殖模式（用电量：土池＜高位池＜工厂化）和养殖规模（规模越大，用电越多）的差异。2018 年工厂化养殖户冬季多用电暖炉进行加热，产生的费用均计入电费中。气费为天然气费用，2017 年之前冬季工厂化养殖南美白对虾主要通过燃煤锅炉加热来提高大棚内养殖温度，2017 年由于环保要求，禁止使用燃煤锅炉，各地都拆除燃煤锅炉改用天然气，因此工厂化养殖尽管可养 3 造，但冬季养殖会产生天然气费用。

（5）仓储运输

仓储运输费用分为仓储费用和运输费用。对虾养殖过程中的仓储费用较少，大致为 200～1 000 元，仅涉及养殖前期和中期的生产要素存储，比如养殖器械、虾药、饲料等。对虾养殖达到出塘规格时，一般直接出售，由中间商来塘边收购，不会配有专门的仓储管理人员。在 2018 年 53 户样本中，仅 5 户设有专门的仓库，2019 年 55 户样本中，仅有 2 户。运输涉及的项目较多，虾苗、饲料、虾药等几乎所有生产要素都需要运输，但运输费用却很少。规模小的养殖户就近购买生产要素，仅靠家庭运输工具便可完成运输，费用可以忽略不计；规模大的养殖户批量购买，销售公司提供免费送货服务。涉及较高运输费用的环节是对虾销售，2018 年调研的养殖户都通过中间商在塘口将自己的虾卖掉，中间商通常将运输费用计入收购价格。

（6）员工工资

员工工资分为临时员工工资和固定员工工资。临时员工为养殖户在收虾期间雇的员工，人均工资约为 150 元/天；固定员工是常年工作在塘口的工作人员，包括自有劳动力和雇佣工人，固定员工工资人均 3 000～4 000 元/月。土池养殖规模低于 30 亩时通常无雇佣员工或雇佣 1 名临时员工，30～80 亩时雇佣临时员工 2 名以上或固定员工 1 名，养殖规模在 80 亩以上的既有个体养殖户，也有养殖公司，通常雇佣固定员工 2 名以上；高位池养殖规模低于 20 亩时雇佣临时员工 1～5 名，20～40 亩时雇佣临时员工 5 名以上或固定员工 1～5 名，养殖规模在 40 亩以上时大多雇佣固定员工 5 名以上；工厂化养殖规模低于 1 400 米^2 时，多是以夫妻档为主的家庭养殖，1 400～10 000 米^2 时既有个体养殖户，也有小型养殖公司，会雇佣临时或固定员工，养殖规模在 10 000 米^2 以上的，一般以公司法人注册成立的养殖公司为主，设有专业的管理、技术、销售部门等。

（7）土地租金

2018 年调研的养殖户都有土地租金。江苏省土池养殖均为鱼虾混养模式，且对虾养殖占比在 10%～70%，所以在核算成本时按照南美白对虾与其他养殖品种的产量比例，将需要分摊的成本都进行了分摊，土地租金亦如此。土池多为一年一租，租金为 800～1 200 元/亩（也有租期为 10 年的，每年租金为 250 元/亩），按鱼虾混养比例分摊后，成本为 50～700 元/亩。高位池和工厂化一般租用年限较长，租金因地区和模式而异，最低可至 200 元/亩，最高可达 3 200 元/亩。

（8）设备维修

设备维修费用主要是维修增氧机、水泵与发电机等的费用。

（9）贷款利息

2018 年样本中有 17 位养殖户贷款养殖，其中 11 位为土池养殖户，面积在 20～140 亩，贷款多用于支付土地租金以及购买饲料等；其余 6 位为小规模工厂化养殖户，贷款多用于前期大棚建设，年息 10%左右。

（10）固定资产折旧

固定资产包括基础设施（大棚/池塘、办公用房、员工宿舍、仓库）、养殖机械设备（打井设备及管道、水泵、增氧机/增氧设施、发电机、养殖水处理设备、废水处理机、育苗设备）和其他固定资产。基础设施建设费用中，个体养殖户主要有大棚/池塘建设费用，有些养殖户会有简易看护房 1 间，合作社和小型企业还会有办公用房的建设费用，有些还有自己的仓库，大型企业还会有员工宿舍。养殖机械设备中，水泵、增氧机（增氧设施）与发电机一般都是养殖必备机械（除了大水面养殖），工厂化一般会有打井设备及管道和养殖水处理设备，个别企业（合作社）有废水处理设备和育苗设备。

（11）其他费用

其他费用主要为清塘、日常支出等费用。清塘通常都需要雇用临时员工，清塘用的石灰等消毒剂费用较低，主要费用是支付临时员工的工资，一般在每亩 20～150 元。

二、土池养殖成本收益分析

经过数据筛选，2016 年土池养殖有效样本共计 42 个，其中江苏省 29 个，广东省 4 个，山东省 9 个；2017 年土池养殖有效样本共计 19 个，其中江苏省 15 个，广西壮族自治区 1 个，河北省 3 个；2018 年有效样本共计 25 个，其中江苏省 23 个，广东省 2 个；2019 年有效样本量共计 25 个，其中江苏省 24 个，广东省 1 个。样本年际差异主要来源于地区差异，产业经济研究团队 2016 年、2018 年和 2019 年未采集广西壮族自治区和河北省土池养殖数据，2017—2019 年未采集山东省土池养殖数据。此外，2019 年江苏省有 2 个土池养殖样本因虾苗质量过差而导致养殖失败，此情况过于极端故未采用。调查地区样本数量分布如表 2－3 所示。

表 2－3 土池养殖样本调查地区数量分布

单位：个

地区		2016 年	2017 年	2018 年	2019 年
江苏省	连云港市	29	15	23	24
广西壮族自治区	钦州市	0	1	0	0
河北省	沧州市	0	3	0	0
广东省	茂名市	0	0	1	0
	湛江市	4	0	1	1
山东省	滨州市	9	0	0	0
总计		42	19	25	25

1. 2016—2019 年土池养殖成本收益分析

（1）成本分析

根据调查数据，南美白对虾土池养殖的成本构成如表 2－4 所示，2016 年、2017 年、2018 年、2019 年的亩成本分别为 3 468 元、2 627 元、3 025 元、2 624 元，2016 年亩成本远超其他年份，主要原因在于地区间差异，山东省滨州市多为大水面养殖，再加上政府政策扶持，亩成本在 1 500 元左右，江苏省连云港市的亩成本大致为 2 700 元，广东省湛江市则在 12 000 元左右，江苏省及广东省的饲料支出及水电气支出比山东省高出许多。

在历年的成本项目中，可变成本场大于固定成本，2018 年亩均可变成本费用为 2 697 元，不仅绝对数高，占总成本比例也最高，接近 90%，远远高于 2017 年的 70.3 %，2019 年则降至 2 113 元，所占比例为 80.5%，其中，饲料费用所占比重最大，皆超过 30%，其次是虾苗费用、土地租金和虾药费用，3 年来各项成本支出占比差别不大。山东省与广东省都为单养模式，而江苏省土池养殖多为鱼虾混养，2018 年鱼价大幅度降低，为弥补亏损，养殖户增加对虾养殖，从而提高了虾苗在成本支出中的占比，而 2019 年尽管猪瘟致使猪肉价格大涨，但常规鱼类价格仍然低迷，养殖户也增加了虾苗投入比例。

表 2－4　土池养殖亩均成本构成

成本项目		2016 年（1 造）		2017 年（1～2 造）		2018 年（1 造）		2019 年（1 造）	
		金额（元）	占总成本比例（%）	金额（元）	占总成本比例（%）	金额（元）	占总成本比例（%）	金额（元）	占总成本比例（%）
可变成本	虾苗	492	14.2	650	24.7	931	30.8	735	28.0
	饲料	1 183	34.1	883	33.6	1 042	34.4	883	33.7
	虾药	159	4.6	123	4.7	295	9.8	217	8.3
	水电气	505	14.6	172	6.5	165	5.5	123	4.7
	仓储运输	0	0.0	3	0.1	1	0.03	0	0
	临时员工工资	240	6.9	17	0.6	263	8.7	155	5.9
	小计	2 579	74.4	1 848	70.3	2 697	89.2	2 113	80.5
固定成本	土地租金	533	15.4	305	11.6	202	6.7	318	12.1
	固定员工工资	92	2.7	277	10.5	20	0.7	22	0.8
	设备维修	40	1.2	37	1.4	22	0.7	20	0.8
	贷款利息	32	0.9	7	0.3	10	0.3	51	1.9
	固定资产折旧	177	5.1	142	5.4	52	1.7	57	2.2
	其他	15	0.4	11	0.4	22	0.7	43	1.6
	小计	889	25.6	779	29.7	328	10.8	511	19.5
总成本		3 468	100	2 627	100	3 025	100	2 624	100

(2) 收益分析

表 2－5 是土池养殖收益情况，从亩均净利润和亩均短期收益看，波动较大。2016—2019 年的亩均净利润分别为 3 346 元、973 元、1 064 元和 732 元，2016 年每亩净利润较高，是因为山东滨州大水面粗放养殖的收益拉高了平均值。同时从每亩短期收益看，4 年的亩均短期收益分别为 4 234 元、1 752 元、1 390 元和 1 242 元，2018 年和 2019 年亩均短期收益下降，这与养殖户根据市场行情变化适当增加了对虾养殖的比例、导致成本增加直接相关。

2016—2019 年的成本利润率大约为 96.5％、37.1％、35.2％和 27.9％，2017 年和 2018 年相差不大，2019 年降幅较大，2016 年较高的原因也与山东滨州样本直接相关；2016—2019 年的销售利润率为 49.1％、27.0％、26.0％和 17.5％，2016 年最高，2019 年最低，原因同上。可以看出，2016 年土池养殖户成本费用控制得较好，盈利能力也较强。

此外，2019 年江苏省有 2 个土池样本因情况过于极端而未被采用，因为养殖户购买的虾苗质量不佳而出现了大面积的虾病，使得产量急剧下降，每千克对虾成本达到 266 元左右，而市场价格仅为 26 元左右，成本价格为市场价格的 10 倍，养殖户亏损严重，由此可以看出虾苗质量与养殖户的收益息息相关，质量差的虾苗将导致严重的亏损，凸显了虾苗质量检测的重要性。

表 2－5　土池养殖亩均收益情况

项　目	2016 年（1 造）	2017 年（1～2 造）	2018 年（1 造）	2019 年（1 造）
总成本（元）	3 467	2 626	3 024	2 625
总收入（元）	6 813	3 599	4 088	3 356
净利润（元）	3 346	973	1 064	732
短期收益（元）	4 234	1 752	1 390	1 242
单位总成本（元/千克）	20	25	23	26
单位收入（元/千克）	40	34	27	28
单位利润（元/千克）	20	9	4	2
成本利润率（％）	96.5	37.1	35.2	27.9
销售利润率（％）	49.1	27.0	26.0	17.5

(3) 不确定性分析

表2-6为土池养殖盈亏平衡分析结果，2016—2019年盈亏平衡点对现有生产能力利用率分别为21.2%、44.3%、25.3%和56.4%；2016—2019年实际销售价格与盈亏平衡价格之差分别大致为18.6元/千克、8.8元/千克、3.8元/千克和2.2元/千克，说明土池养殖南美白对虾在市场价格出现较大波动以及不确定性因素发生时具有一定抵御风险的能力，但近几年无论是抵御能力还是抵御空间都在减小。前已提及，2019年土池养殖有两户养殖户受到较大规模虾病侵袭，导致其亏本严重，每生产1千克对虾亏损额达到240.86元左右。

表2-6　土池养殖盈亏平衡情况

项　目	2016年（1造）	2017年（1～2造）	2018年（1造）	2019年（1造）
盈亏平衡产量（千克/亩）	36	47	42	66
实际生产能力（千克/亩）	170	106	166	117
盈亏平衡点对现有生产能力利用率（%）	21.2	44.3	25.3	56.4
盈亏平衡价格（元/千克）	20.4	24.8	21.0	25.7
实际销售价格（元/千克）	39.0	33.6	24.9	27.9
实际销售价格与盈亏平衡价格之差（元/千克）	18.6	8.8	3.9	2.2

表2-7为土池养殖净利润对不同影响因素的敏感系数。从净利润敏感系数的绝对值来看，2016—2019年净利润对于价格的敏感系数是最高的，2016年为1.0，2017年为3.3，2018年为7.4，2019年为3.2，说明在保持其他影响因素不变的情况下，价格的变动引起净利润的变动程度是最大的，其次是可变成本，其绝对值分别为0.8、2.0、2.5和2.9，最后是固定成本，其绝对值分别为0.3、0.8、0.3和0.7。同时从图2-1净利润敏感性分析图中直线与水平轴的夹角大小，也可以看出3年来，净利润对价格的变动最敏感，其次是可变成本，最后是固定成本。

以上分析也表明，如果提高塘边销售价格可以更大程度地增加养殖净利润，提高养殖收益。土池养殖模式更易受自然条件限制，大部分地区每年养殖1造，养殖的南美白对虾上市时间集中、价格没有优势，因此可以利用其生态养殖的特点进行绿色、有机食品等认证，进行差异化销售，进而提高销售价格。同时从成本方面来看，如果提高各项可变成本的利用率，减少可变成本投入，也能够增加养殖的净利润，提高养殖收益。

表2-7　土池养殖净利润敏感系数

项　目	2016年（1造）	2017年（1～2造）	2018年（1造）	2019年（1造）
固定成本	−0.3	−0.8	−0.3	−0.7
可变成本	−0.8	−2.0	−2.5	−2.9
价格	1.0	3.3	7.4	3.2

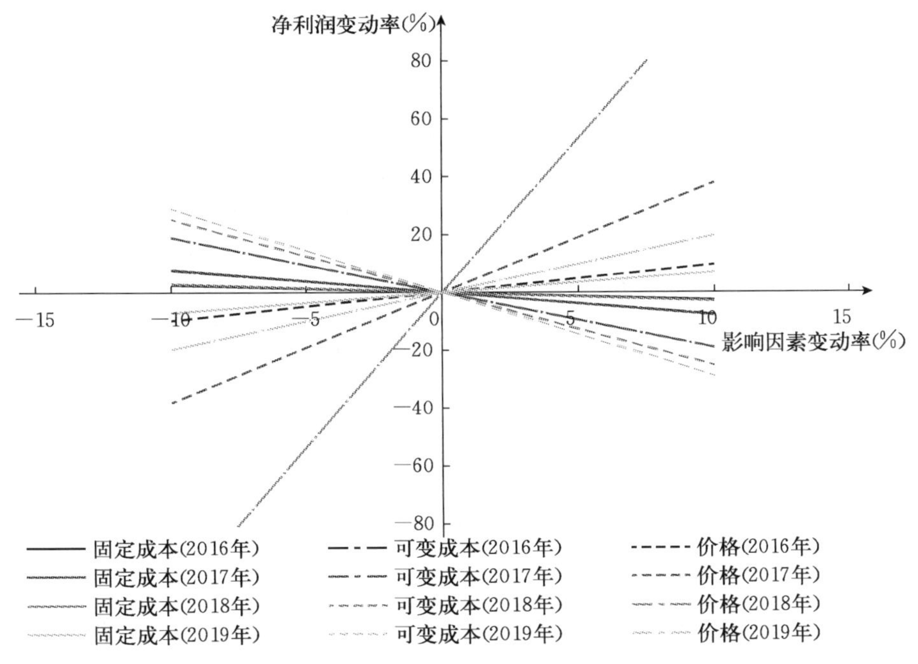

图2-1　土池养殖净利润敏感性分析图

2. 2017年各地区土池养殖成本收益分析

受数据所限，本部分只根据2017年的数据对各地区土池养殖的成本收益情况进行讨论分析，后文对各地区高位池和工厂化养殖的分析时同样是根据2017年数据。

(1) 成本分析

表2-8为2017年各地区土池养殖模式的成本构成情况。由表2-8可知，在年均总成本方面，2017年广西壮族自治区、江苏省、河北省的年均养殖成本分别为3 877元/亩、2 847元/亩、1 100元/亩。在总成本结构方面，广西壮族自治区、江苏省、河北省的可变成本在总成本中所占比例分别为76.8%、72.1%和40.5%，固定成本在总成本中所占的比例分别为23.4%、27.9%和59.6%。

在可变成本方面，广西壮族自治区、江苏省、河北省每亩费用分别为2 970元、2 053元和445元。就可变成本结构而言，饲料费用都是三省份最主要的成本支出项，在总成本中所占比例分别为59.5%、32.5%和17.4%；其次是虾苗支出。在固定成本方面，广西壮族自治区、江苏省、河北省亩均费用分别为907元、794元和655元，就固定成本结构而言，广西壮族自治区和江苏省最主要的成本为固定员工工资，在总成本中所占比例分别为12.9%和10.5%，河北省最主要的成本为土地租金，在总成本中所占比例为48.2%。

表2-8　2017年各地区土池养殖模式亩均成本构成

成本项目		广西壮族自治区		江苏省		河北省	
		金额（元）	占总成本比例（%）	金额（元）	占总成本比例（%）	金额（元）	占总成本比例（%）
可变成本	虾苗	277	7.1	774	27.2	157	14.3
	饲料	2 308	59.5	926	32.5	191	17.4
	虾药	231	6.0	134	4.7	32	2.9
	水电气	154	4.0	202	7.1	24	2.2
	仓储运输	0	0	4	0.1	0	0
	临时员工工资	0	0	13	0.5	41	3.7
	小计	2 970	76.8	2 053	72.1	445	40.5

（续）

成本项目		广西壮族自治区		江苏省		河北省	
		金额（元）	占总成本比例（%）	金额（元）	占总成本比例（%）	金额（元）	占总成本比例（%）
固定成本	土地租金	100	2.6	273	9.6	530	48.2
	固定员工工资	499	12.9	300	10.5	89	8.1
	设备维修	77	2.0	41	1.4	4	0.4
	贷款利息	0	0	9	0.3	0	0
	固定资产折旧	231	6.0	164	5.8	2	0.2
	其他	0	0	7	0.2	30	2.7
小计		907	23.4	794	27.9	655	59.6
总成本		3 877	100	2 847	100	1 100	100

根据以上数据可以看出三个省份土池养殖南美白对虾中，亩均总成本广西最高，其次是江苏省，最后是河北省。广西壮族自治区和江苏的可变成本远远大于其固定成本，河北省的可变成本小于其固定成本，主要是因为河北省以大水面单养为主，调研样本中面积最大的接近4万亩，每年1造，粗放养殖，投饵量少，主要投入是土地租金；江苏以鱼虾混养为主，规模较小，每年养殖1造，广西鱼虾混养与单养都有，养殖面积大于江苏省，每年1～2造，以饲料、虾苗等可变成本投入为主。

同时还可以看出土池养殖过程中主要的成本为饲料、虾苗、土地租金和固定员工工资。

（2）收益分析

表2－9为2017年各地区土池养殖收益情况。从每亩净利润来看，广西最高，为1 894元，其次是江苏省，最后是河北省，分别为1 047元和294元。广西壮族自治区、江苏省和河北省成本利润率分别为48.9%、36.8%、26.7%，销售利润率分别为32.8%、26.9%、21.0%。可以看出，相比于江苏省和河北省，广西土池养殖南美白对虾成本控制得较好，养殖销售获利水平较高，整体盈利能力较强。

表 2-9　2017 年各地区土池养殖模式亩均收益情况

项　目	广西壮族自治区	江苏省	河北省
总成本（元）	3 875	2 848	1 101
总收入（元）	5 769	3 896	1 395
净利润（元）	1 894	1 047	294
成本利润率（%）	48.9	36.8	26.7
销售利润率（%）	32.8	26.9	21.0

（3）不确定性分析

表 2-10 为 2017 年各地区土池养殖模式盈亏平衡情况，就盈亏平衡产量对现有生产能力利用率而言，广西壮族自治区、江苏省、河北省分别为 33.0%、47.1%、73.0%，销售价格与盈亏平衡价格之间的差额则分别为 16.4 元/千克、8.8 元/千克、6.4 元/千克，可以看出，在市场价格出现波动较大的情况下，广西壮族自治区抵御市场风险的能力更强，空间也更大。广西的塘边销售价格为 50 元/千克，远远高于其他两省份，一方面是因为地区差异导致销售价格不同，另一方面 2017 年广西的样本数仅有 1 个，与整体情况可能有所偏差。河北省的产量远远低于其他两省份，主要因为其大水面粗放养殖密度小、产量较低。

表 2-10　2017 年各地区土池养殖模式盈亏平衡情况

项　目	广西壮族自治区	江苏省	河北省
盈亏平衡产量（千克/亩）	38	56	27
实际生产能力（千克/亩）	115	119	37
盈亏平衡点对现有生产能力利用率（%）	33.0	47.1	73.0
盈亏平衡价格（元/千克）	33.6	23.2	30.2
实际销售价格（元/千克）	50.0	32.0	36.7
实际销售价格与盈亏平衡价格之差（元/千克）	16.4	8.8	6.5

表 2 - 11 为 2017 年各地区土池养殖模式的净利润敏感系数对比。从利润敏感系数绝对值来看，三个省份的净利润对于销售价格的敏感系数都是最高的，分别为 3.1、3.6 和 5.7，说明在保持其他影响因素不变的情况下，销售价格变动引起净利润的变动程度是最大的，且河北最大，不同的是广西和江苏净利润对可变成本的敏感系数绝对值大于对固定成本的，河北则相反。同时从图 2 - 2 中直线与水平轴的夹角大小，也可以看出净利润对价格的变动最敏感。

表 2 - 11　2017 年各地区土池养殖模式净利润敏感系数

项　目	广西壮族自治区	江苏省	河北省
固定成本	—0.5	—0.8	—2.1
可变成本	—1.6	—2.0	—1.6
价格	3.0	3.6	5.7

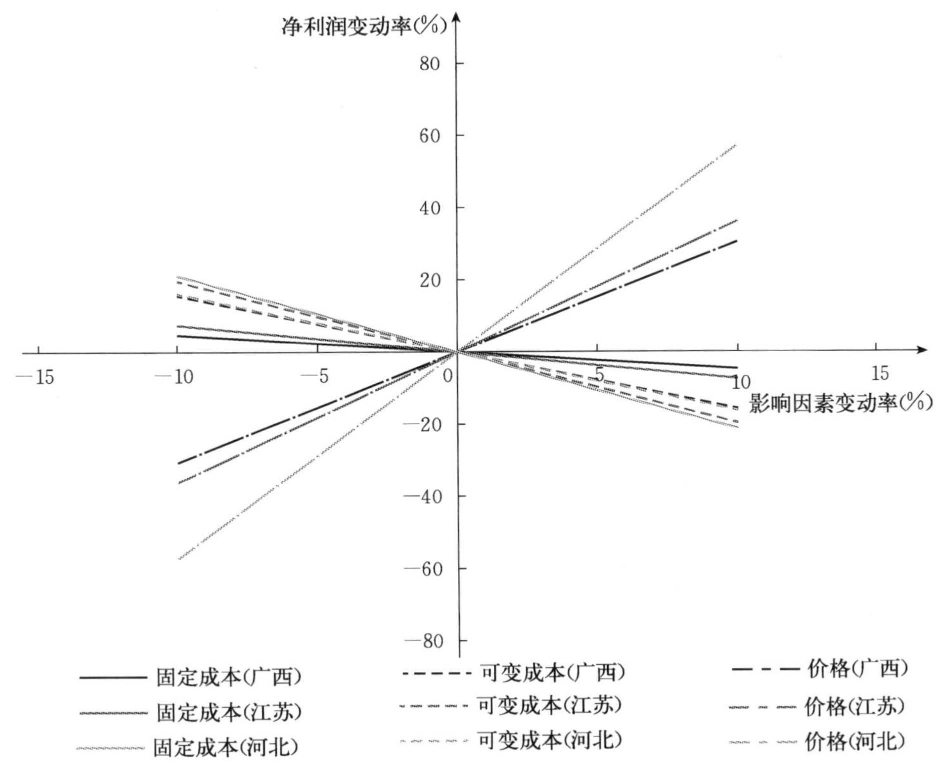

图 2 - 2　2017 年各地区土池养殖净利润敏感性分析图

从成本方面来看，广西和江苏两省份如果提高各项可变成本的利用率，减少可变成本投入，能够增加养殖的净利润，提高养殖收益，河北如果降低土地租金则可以提高养殖户收益。

3. 小结

（1）养殖成本方面

2016 年亩成本大致为 3 468 元，高于其他年份，2017—2019 年，亩成本呈现小幅度增减，保持较为稳定的水平，2017 年为 2 627 元，2018 年增至 3 025 元，2019 年为 2 624 元。每亩总成本，广西最高，其次是江苏，最后是河北。在每亩总成本中，广西和江苏的可变成本远远大于其固定成本，河北省的可变成本小于其固定成本。可变成本的比重有逐年上升之势。同时，土池养殖过程中主要的成本支出为饲料、虾苗、虾药、土地租金和临时员工工资。

（2）盈利能力方面

2016—2019 年的亩均净利润分别为 3 346 元、973 元、1 064 元和 732 元，2016—2019 年年际相差较大，2016 年明显高于其他年份，原因在于该年样本中比较特殊的山东省滨州市大水面养殖。4 年间，成本利润率在 2016 年达到最高，为 96.5%，2019 年最低，为 27.9%；销售利润率在 2016 年达到最高，为 49.1%，2019 年最低至 17.5%，说明 2019 年土池养殖户成本控制水平不如其他年份，养殖销售获利情况亦不及其他年份。从成本利润率和销售利润率来看，相比于江苏和河北，广西土池养殖南美白对虾的经济效益更好，成本费用控制得较好，养殖销售获利水平较高，整体盈利能力较强。

（3）市场风险抵御能力方面

土池养殖南美白对虾在市场价格出现较大波动以及不确定性因素发生时具有一定的市场风险抵抗力。2018 年和 2019 年盈亏平衡价格与实际销售价格之差分别为 3.8 元/千克和 2.2 元/千克，低于 2016 年的 18.6 元/千克和 2017 年的 8.8 元/千克，说明 2018 年和 2019 年土池养殖抵御风险能力有所降低。在盈利影响因素方面，净利润对于价格的敏感系数是最高的，其次是可变成本，最后是固定成本。由前文分析可知，广西壮族自治区市场风险抵抗能力最强，在盈亏平衡分析与敏感性分析中，广西壮族自治区都表现出较大规避市场风险的空间。其次，江苏省也具有一定的市场风险抵抗能力，而河北省则表现稍弱。具体来说，广西壮族自治区的销售价格与盈亏平衡价格之差为 16.4 元/千克，而江苏省和河北省仅为 8.8 元/千克和 6.5 元/千克。敏感系数分析结果与盈亏平衡分析结果相同。广西壮族自治区固定成本、可变成本与销售价格变动所引起的净利润变动程度均小于江苏省和河北省，而三个省份塘边价格的变动对于养殖者的净利润影响程度都最大。

三、高位池养殖的成本收益分析

经过数据筛选，高位池 2016 年有效样本共计 9 个，均来自广东省；2017 年有效样本共计 4 个，其中广东省 2 个，河北省 2 个；2018 年和 2019 年有效样本量皆为 6 个，均来自广东省。4 年样本数据的差异在于来源地区，高位池数据选取地主要在广东省，2017 年样本新增了河北省的高位池养殖数据。此外，2019 年广东省有 1 个高位池样本因大面积暴发虾病，情况过于极端故未被采用。调查样本数量地区分布如表 2－12 所示。

表 2－12　高位池养殖样本数量地区分布

单位：个

地　区	2016 年	2017 年	2018 年	2019 年
广东省湛江市	9	2	6	6
河北省沧州市	0	2	0	0
总计	9	4	6	6

1. 2016—2019 年高位池养殖成本收益分析

(1) 成本分析

根据调查数据，南美白对虾高位池养殖的成本构成如表 2－13 所示，2016 年、2017 年、2018 年的亩成本分别为 53 279 元、66 758 元和 53 201 元，2019 年第一造的亩成本为 28 300 元/亩。在成本构成中，可变成本大于固定成本，2018 年和 2019 年第一造可变成本占总成本比例均高于 80%，大于2016年的72.4%及2017年的53.0%，2017年固定员工工资支出远超其他年份，主要由于河北省养殖户的固定员工工资比广东省高。所有成本项目中饲料费用所占比重最大，但其他成本项目的比重顺序4年略有不同，可能是由样本不同导致的。2016年饲料亩均成本约为18 421元，占总成本的比重为34.6%，其次是水电气、固定资产折旧、固定员工工资；2017年饲料亩均成本为21 068元，占总成本的比重为31.6%左右，其次是固定资产折旧、固定员工工资、虾药和虾苗；2018年的饲料亩均成本为27 624元，所占比重高达52%，其次是虾药、水电气和虾苗，占总成本的比例分别为16.1%、12.7%和7.5%，2019年各项比重顺序与此相同。

表2-13　高位池养殖亩均成本构成

成本项目		2016年（2造）		2017年（2～3造）		2018年（2造）		2019年（1造）	
		金额（元）	占总成本比例（%）	金额（元）	占总成本比例（%）	金额（元）	占总成本比例（%）	金额（元）	占总成本比例（%）
可变成本	虾苗	3 412	6.4	4 855	7.3	3 982	7.5	2 699	9.5
	饲料	18 421	34.6	21 068	31.6	27 624	51.9	12 054	42.6
	虾药	3 574	6.7	6 016	9.0	8 573	16.1	4 273	15.1
	水电气	12 335	23.2	3 265	4.9	6 774	12.7	3 927	13.9
	仓储运输	49	0.1	0	0	0	0	0	0
	临时员工工资	800	1.5	188	0.3	0	0	0	0
	小计	38 591	72.4	35 392	53.0	46 953	88.3	22 953	81.1
固定成本	土地租金	526	1.0	242	0.4	848	1.6	1 414	5.0
	固定员工工资	3 785	7.1	13 032	19.5	2 602	4.9	1 853	6.6
	设备维修	1 315	2.5	1 602	2.4	405	0.8	389	1.4
	贷款利息	226	0.4	208	0.3	0	0	250	0.9
	固定资产折旧	8 835	16.6	13 565	20.3	1 705	3.2	923	3.3
	其他	0	0.0	2716	4.1	688	1.3	519	1.8
	小计	14 687	27.6	31 366	47.0	6 248	11.7	5 348	18.9
总成本		53 279	100	66 758	100	53 201	100	28 300	100

(2) 收益分析

表 2－14 是高位池养殖收益情况。从亩均净利润看，2016 年、2017 年、2018 年和 2019 年（第一造）的亩均净利润大致分别为 15 559 元、35 893 元、26 129 元和 15 099 元，2017 年亩均净利润比 2016 年高出 2 万元左右，除了地区间的差异外，另一原因在于 2017 年亩产量有所上升。2018 年的亩均净利润对比 2017 年大幅度降低，减少了 9 764 元，盈利水平下降，主要是因为 2017 年南美白对虾价格高于 2018 年的价格（如表 2－15 所示，在产量变化不大的情况下，2017 年平均销售价格为 54.2 元/千克，而 2018 年为 41.2 元/千克）。同时从亩均短期收益看，4 年的亩均短期收益分别为 30 246 元、67 259 元、31 924 元和 20 030 元，2018 年亩均短期收益比 2017 年减少了 35 335 元左右，据 2019 年第一造的数据来看，2019 年高位池养殖的盈利水平基本稳定。

表 2－14　高位池养殖亩均收益情况

项　目	2016 年（1 造）	2017 年（2～3 造）	2018 年（2 造）	2019 年（1 造）
总成本（元）	53 279	66 758	53 201	28 300
总收入（元）	68 837	102 651	79 330	43 121
净利润（元）	15 559	35 893	26 129	15 099
短期收益（元）	30 246	67 259	31 924	20 030
单位总成本（元/千克）	37	35	34	27
单位收入（元/千克）	47	54	41	32
单位利润（元/千克）	11	19	8	5
成本利润率（%）	29.2	53.8	49.1	53.4
销售利润率（%）	22.6	35.0	32.9	35.0

2016—2018 年、2019 年（第一造）的成本利润率分别为 29.2%、53.8%、49.1%和 53.4%；2016—2018 年、2019 年（第一造）的销售利润率分别为 22.6%、35.0%、32.9%、35.0%，由此看出，近年来高位池养殖户成本费用控制得较好，养殖销售获利水平较高，盈利能力较强，但

2018 年盈利能力有所下降，这是由于当地暴发虾病，造成部分南美白对虾死亡且规格变小，因而单价没有往年高。2019 年第一造虽然也有暴发黑体病等虾病的情况，但损失较轻，仅有 1 户因本身虾苗质量不佳而损失惨重，每亩亏损高达 22.7 万元。

(3) 不确定性分析

表 2－15 为高位池养殖盈亏平衡分析结果，2016 年至 2019 年的盈亏平衡点对现有生产能力利用率大致为 43.1％、45.6％、24.8％和 29.5％，2018 年利用率最低；4 年间的实际销售价格与盈亏平衡价格之差差别较大，2016—2019 年分别为 15.4 元/千克、19.4 元/千克、7.5 元/千克和 5.2 元/千克，2018 年和 2019 年高位池养殖户抵御风险的空间有所下降，但 2019 年养殖户成本控制得较好。

表 2－15　高位池养殖盈亏平衡情况

项　目	2016 年（2 造）	2017 年（2～3 造）	2018 年（2 造）	2019 年（1 造）
盈亏平衡产量（千克/亩）	626	854	479	337
实际生产能力（千克/亩）	1 453	1 872	1 933	1 144
盈亏平衡点对现有生产能力利用率（％）	43.1	45.6	24.8	29.5
盈亏平衡价格（元/千克）	36.6	34.8	33.8	27.0
实际销售价格（元/千克）	52.0	54.2	41.2	32.2
实际销售价格与盈亏平衡价格之差（元/千克）	15.4	19.4	7.4	5.2

表 2－16 为高位池养殖净利润对不同影响因素的敏感系数。从净利润敏感系数的绝对值来看，净利润对于价格的敏感系数是最高的，2016 年至 2019 年分别为 3.4、2.8、3.2 和 6.3，说明在保持其他影响因素不变的情况下，价格的变动引起的净利润变动程度是最大的。在 2019 年产量增加的情况下，净利润对于价格的敏感系数比往常更高；其次是可变成本，其绝对值分别为 2.5、1.1、1.8 和 1.5；最后是固定成本，其绝对值分别为 0.9、0.8、0.2 和 0.4。同时从图 2－3 净利润敏感性分析图中直线与水平轴的夹角大小，也可以看出净利润对价格的变动最敏感，其次是可变成本，最后是

固定成本。

以上分析也表明，如果提高塘边价格可以更大程度地增加养殖净利润，提高养殖收益。高位池一般每年养殖两造，可以错开南美白对虾集中上市的时间，进而提高销售价格。同时从成本方面来看，如果提高可变成本各项的利用率，减少可变成本投入，也能够增加养殖的净利润，提高养殖收益。

表 2-16　高位池养殖净利润敏感系数

项　目	2016 年（2 造）	2017 年（2～3 造）	2018 年（2 造）	2019 年（1 造）
固定成本	−0.9	−0.8	−0.2	−0.4
可变成本	−2.5	−1.1	−1.8	−1.5
价格	3.4	2.8	3.3	6.3

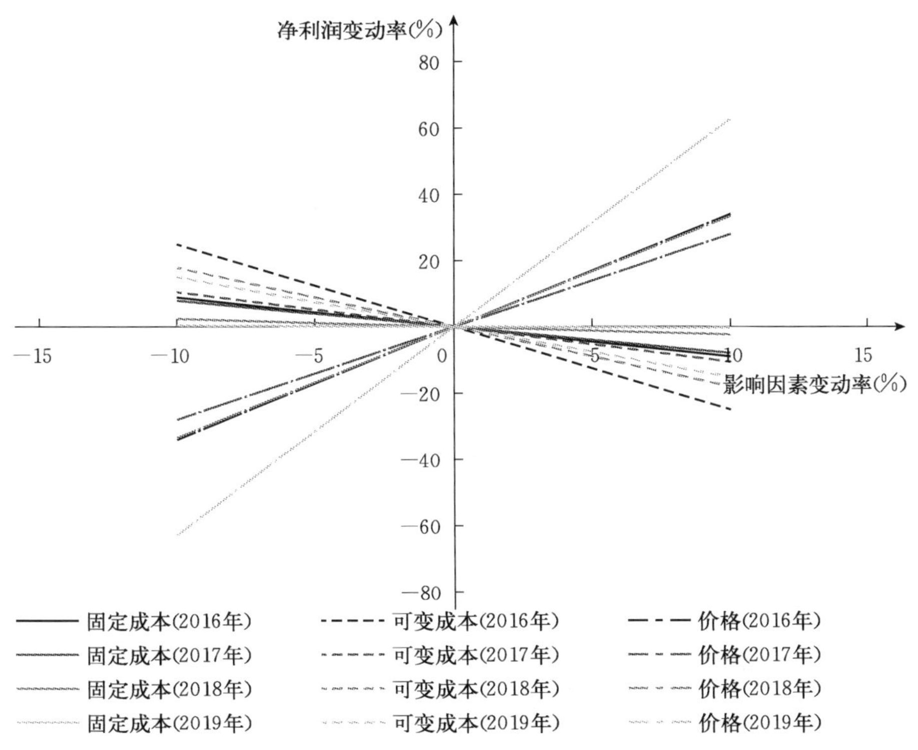

图 2-3　高位池养殖净利润敏感性分析图

2.2017年各地区高位池养殖成本收益分析

(1)成本分析

表2-17为2017年各地区高位池养殖的成本构成情况。由表2-17可知，在亩均总成本方面，2017年广东省和河北省每亩养殖总成本分别为39 815元和93 702元。在总成本结构方面，广东省和河北省的可变成本在总成本中所占比例分别为83.3%和40.1%，固定成本在总成本中所占的比例分别为16.7%和59.9%。

表2-17　2017年各地区高位池养殖模式亩均成本构成

成本项目		广东省		河北省	
		金额（元）	占总成本比例（%）	金额（元）	占总成本比例（%）
可变成本	虾苗	3 440	8.6	6 271	6.7
	饲料	18 558	46.6	23 578	25.2
	虾药	7 032	17.7	5 000	5.3
	水电气	4 135	10.4	2 396	2.6
	仓储运输	0	0	0	0
	临时员工工资	0	0	375	0.4
	小计	33 165	83.3	37 620	40.1
固定成本	土地租金	236	0.6	248	0.3
	固定员工工资	2 870	7.2	23 194	24.8
	设备维修	79	0.2	3 125	3.3
	贷款利息	0	0	417	0.4
	固定资产折旧	1 575	4.0	25 556	27.3
	其他	1 890	4.7	3 542	3.8
	小计	6 650	16.7	56 082	59.9
总成本		39 815	100	93 702	100

在可变成本方面，广东省和河北省每亩费用分别为33 165元和37 620元。就可变成本结构而言，饲料费用都是两省最主要的成本支出项，在总成本中所占比例分别为46.6%和25.2%；其次都是虾苗和虾药费用，而水电气费用也为广东省高位池养殖的主要支出。在固定成本方面，广东省和河北

省每亩费用分别为 6 650 元和 56 082 元。就固定成本结构而言，固定资产折旧和固定员工工资都是两省最主要的成本支出项，固定资产折旧费用在总成本中所占比例分别为 4.0％和 27.3％，固定员工工资在总成本中所占比例分别为 7.2％和 24.8％。

根据以上分析可以看出，河北省高位池养殖南美白对虾每亩总成本远远高于广东省。广东省的可变成本远远大于其固定成本，河北省的可变成本小于其固定成本，主要是因为广东省调研的高位池养殖主体为个体养殖户，养殖规模小，基本上也没有办公用房等支出，因此以可变成本支出为主；河北省调研的为养殖公司，养殖规模大，高位池与办公用房更加标准化，同时因为北方地区燃煤锅炉的停用，养殖户利用当地地热温泉资源，自己打井用温泉水来保持养殖大棚内的温度，同时为了开拓市场，准备开设加工厂来延长产业链增加收益，增加了设备投资，因此固定成本支出较大。

同时还可以看出，高位池养殖过程中主要的养殖成本为饲料、水电气、虾苗、固定资产折旧和固定员工工资费用。

（2）收益分析

表 2－18 为 2017 年各地区高位池养殖收益情况。从亩均净利润看，广东省为 44 863 元，大于河北省的 26 924 元。同时从成本利润率来看，广东省、河北省分别为 112.7％、28.7％，销售利润率分别为 53％、22.3％。可以看出，相比于河北省，广东省高位池养殖南美白对虾的经济效益更好，成本控制得很好，养殖销售获利水平较高，整体盈利能力较强。

表 2－18　2017 年各地区高位池养殖模式亩均收益情况

项　目	广东省	河北省
总成本（元）	39 814	93 702
总收入（元）	84 677	120 625
净利润（元）	44 863	26 924
成本利润率（％）	112.7	28.7
销售利润率（％）	53.0	22.3

(3) 不确定性分析

表 2 - 19 为 2017 年各地区高位池养殖的盈亏平衡情况，广东省和河北省盈亏平衡产量对现有生产能力利用率分别为 10%和 66.2%，销售价格与盈亏平衡价格之间的差额分别为 27.4 元/千克、11.4 元/千克，可以看出在市场价格出现较大波动的情况下，广东省抵御市场风险的能力更强、空间也更大。

表 2 - 19　2017 年各地区高位池养殖模式盈亏平衡情况

项　目	广东省	河北省
盈亏平衡产量（千克/亩）	156	1 441
实际生产能力（千克/亩）	1 567	2 177
盈亏平衡点对现有生产能力利用率（%）	10	66.2
盈亏平衡价格（元/千克）	25.6	44.0
实际销售价格（元/千克）	53	55.4
实际销售价格与盈亏平衡价格之差（元/千克）	27.4	11.4

表 2 - 20 为 2017 年各地区高位池养殖的净利润敏感系数对比。从利润敏感系数绝对值来看，两个省的净利润对于销售价格的敏感系数都是最高的，分别为 1.9 和 4.9，说明在保持其他影响因素不变的情况下，塘边销售价格的变动引起净利润的变动程度是最大的，且河北省更大，不同的是广东省净利润对可变成本的敏感系数绝对值大于对固定成本的，河北省则相反，这与两地成本构成的差异直接相关。同时从图 2 - 4 净利润敏感性分析图中直线与水平轴的夹角大小，也可以看出净利润对价格的变动最敏感。

以上分析表明，河北省如果能够提高塘边销售价格，可以显著增加养殖净利润，提高养殖收益。

表 2 - 20　2017 年各地区高位池养殖模式净利润敏感系数

项　目	广东省	河北省
固定成本	−0.1	−2.0
可变成本	−0.8	−1.5
价格	1.9	4.9

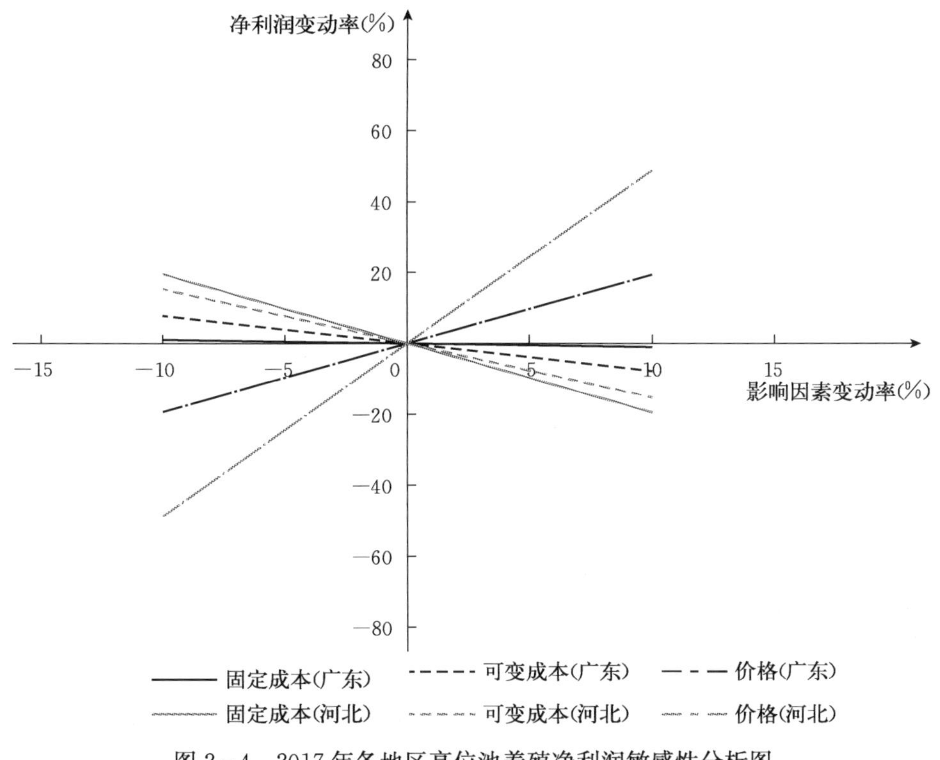

图 2-4　2017 年各地区高位池养殖净利润敏感性分析图

3. 小结

(1) 养殖成本方面

从总体水平来看，2018 年每亩成本投入为 53 201 元，略低于 2016 年的 53 279 元，与 2017 年的 66 758 元相比降低了 10 000 多元，2019 年（第一造）每亩成本投入为 28 300 元。在总成本中，可变成本大于固定成本，2018 年可变成本的比重有了大幅度提升。此外，高位池养殖过程中主要的养殖成本为饲料、虾药、水电气和固定员工工资费用。河北省每亩总成本远远高于广东省。广东省的可变成本远远大于其固定成本，河北省的可变成本小于其固定成本。

跟踪养殖户近年来每亩投入成本不断增加，从 2014 年的 57 713 元，增至 2018 年的 80 673 元，5 年间每亩增加了 22 960 元。各项成本的比重未有较大变化。

（2）盈利能力方面

从总体水平来看，2016 年的亩均净利润为 15 559 元，成本利润率为 29.2%，销售利润率为 22.6%；2017 年分别为 102 651 元、53.8% 和 35.0%，2018 年分别为 26 129 元、49.1%和 32.9%；2019 年（第一造）分别为 15 099 元、53.4%和 35%。从成本利润率和销售利润率来看，相比于前两年，2018 年高位池养殖南美白对虾的经济效益略差，成本控制水平不及前两年，养殖销售获利水平也较低，整体盈利能力不如前两年。2019 年（第一造）养殖的盈利水平基本保持稳定。此外，相比于河北省，广东省高位池养殖南美白对虾的经济效益更好，成本支出控制得较好，养殖销售获利水平较高，整体盈利能力较强。

跟踪养殖户 2014—2018 年的亩均净利润呈现先升后降的倒 U 形变化，盈利能力在 2017 年达到最高。从成本利润率和销售利润率来看，该养殖户历年来的整体盈利能力都相对稳定，经济效益较好且高于平均水平。

（3）市场风险抵御能力方面

从总体水平来看，高位池养殖南美白对虾在市场价格出现较大波动以及不确定性因素发生时具有一定的市场风险抵抗力。2018 年盈亏平衡价格与实际销售价格之差为 7.4 元/千克，低于 2016 年的 15.4 元及 2017 年的 19.4 元，盈亏平衡产出率也降低至 22.6%，说明 2018 年高位池养殖对虾的销售价格并不理想，抵御风险能力与空间有所降低。净利润对于价格的敏感系数是最高的，其次是可变成本，最后是固定成本。从前文分析可知，广东省市场风险抵抗能力最优，在盈亏平衡分析与敏感性分析中，广东省都表现出较大的规避市场风险的空间，而河北省则表现稍弱。具体来说，广东省销售价格与盈亏平衡价格之差为 27.4 元/千克，而河北省仅为 11.4 元。敏感系数分析结果与盈亏平衡分析结果相同。广东省固定成本、可变成本与销售价格变动引起的净利润变动程度均小于河北省，而两个省价格的变动对于养殖者净利润影响程度都最大。

跟踪养殖户 2014 年至 2018 年盈亏平衡点对现有生产能力利用率的数值在 25.5%～43.7%，盈亏平衡价格与实际销售价格之差最高可达 2017 年的 24.5 元/千克，说明该养殖户在市场价格出现较大波动以及不确定性因素发生时具有较强风险抵抗力。

四、工厂化养殖成本收益分析

经过数据筛选，工厂化养殖 2016 年有效样本共计 10 个，其中山东省 8 个，江苏省 1 个，广东省 1 个；2017 年有效样本共计 14 个，其中山东省 9 个，江苏省 1 个，河北省 4 个；2018 年和 2019 年有效样本分别为 22 个和 24 个，均来自山东省。4 年的实地调研样本有一定的地区差异，2018—2019 年样本选取地不包括江苏省、河北省、广东省及山东省滨州市。此外，2019 年山东省有 1 户养殖户因购买病苗养殖失败及广东省跟踪养殖户养殖失败，均未计入。调查样本数量的地区分布如表 2－21 所示。

表 2－21　工厂化养殖样本数量调查地区分布

地　区		2016 年	2017 年	2018 年	2019 年
山东省	日照市	7	9	22	24
	滨州市	1	0	0	0
江苏省	连云港市	1	1	0	0
河北省	沧州市	0	4	0	0
广东省	茂名市	1	0	0	0
总计		10	14	22	24

1. 2016—2019 年工厂化养殖成本收益分析

（1）成本分析

根据调查数据，南美白对虾工厂化养殖的成本构成如表 2－22 所示，2016 年、2017 年、2018 年和 2019 年每亩成本投入大约为 204 448 元、136 583元、168 019 元、205 921 元，2016 年和 2019 年的成本费用最高，每亩投入成本超过 20 万元。在 2016—2019 年的成本构成中，可变成本大于固定成本，2016 年、2018 年和 2019 年可变成本占总成本比例均突破 70%，大于 2017 年的 62.1%。其中，饲料费用所占比重最大，一般为 35%左右，2019 年更是高达 40.5%。其次是水电气、固定资产折旧和虾苗费用。2017 年固定员工工资占总成本比例明显比其他年份高了 17%左右，该项差异主要是由地区间差异导致的，2017 年的工厂化样本还包括了江苏省连云港市和河北省沧州市的5个样本，这两个省份的固定员工工资费用较高，而山东省日照市的固定员工工资费用较低。

4年间各项成本支出占比略有浮动，总体较为一致。但从每亩投入的费用看，总成本逐年上升。2016年总成本比2017年、2018年高的原因在于地区差异及样本间的差异。而2019年每亩总成本比2018年增加了37 902元，主要由于2018年冬季山东省禁止使用煤炉加温，多数养殖户只养了两造，此外也暴发了大规模虾病，对虾病死情况严重。而2019年山东工厂化养殖户采用了燃气炉加温，增加了养殖造数，大部分养殖户养殖了3造，还有个别养殖户养到4造，故饲料和虾药费用增加了，致使当年成本大幅上涨。

表2-22　工厂化养殖亩均成本构成

成本项目		2016年（2～4造）		2017年（3～4造）		2018年（2造）		2019年（2～4造）	
		金额（元）	占总成本比例（%）	金额（元）	占总成本比例（%）	金额（元）	占总成本比例（%）	金额（元）	占总成本比例（%）
可变成本	虾苗	18 376	9.0	13 006	9.5	15 741	9.4	16 799	8.2
	饲料	77 745	38.0	43 298	31.7	58 663	34.9	83 370	40.5
	虾药	10 447	5.1	5 411	4.0	11 964	7.1	18 071	8.8
	水电气	46 372	22.7	19 209	14.0	33 464	19.9	36 166	17.6
	仓储运输	167	0.1	1 377	1.0	0	0	0	0
	临时员工工资	6 524	3.2	2 513	1.8	2 619	1.6	794	0.4
	小计	159 631	78.1	84 814	62.1	122 451	72.9	155 200	75.4
固定成本	土地租金	5 442	2.7	456	0.3	1 024	0.6	1 123	0.6
	固定员工工资	12 365	6.0	24 409	17.9	791	0.5	4 574	2.2
	设备维修	1 627	0.8	1 433	1.1	6 752	4.0	6 689	3.2
	贷款利息	926	0.5	878	0.6	3 006	1.8	4 376	2.1
	固定资产折旧	16 861	8.2	22 488	16.5	32 795	19.5	31 920	15.5
	其他	0	0.0	2 105	1.5	1 200	0.7	2 039	1.0
	科研投入	7 596	3.7	0	0	0	0	0	0
	小计	44 817	21.9	51 769	37.9	45 568	27.1	50 721	24.6
总成本		204 448	100	136 583	100	168 019	100	205 921	100

（2）收益分析

表2-23是工厂化养殖收益情况，纵观这4年，2018年盈利情况最差。从亩均净利润看，2016年、2017年、2018年和2019年分别大致为76 781元、79 659元、901元和56 130元，年际差异显著，2016—2017年工厂化养殖利润较高，亩均净利润将近8万元，但2018年净利润暴跌，2019年有所回升。同时从亩均短期收益看，4年亩均短期收益分别为121 600元、131 429元、46 468元和107 075元，年际变化也较大。4年间亩均净利润差异最大达到78 727元左右，亩均短期收益差异最大达到84 960元左右，2018年大规模的虾病使得养殖户经济损失惨重、获利微薄，2019年养殖情况较好，盈利能力有所提升。

表2-23　工厂化养殖亩均收益情况

项　目	2016年（2～4造）	2017年（3～4造）	2018年（2造）	2019年（2～4造）
总成本（元）	204 449	136 584	168 017	205 920
总收入（元）	281 230	216 243	168 918	262 050
净利润（元）	76 781	79 659	901	56 130
短期收益（元）	121 600	131 429	46 468	107 075
单位总成本（元/千克）	37	43	45.2	40
单位收入（元/千克）	52	56	45.4	51
单位利润（元/千克）	14	13	0.2	11
成本利润率（%）	37.6	58.3	0.5	27.3
销售利润率（%）	27.3	36.8	0.5	21.4

从表2-23中数据可以看出，4年的养殖期内成本利润率年际差异显著，2016—2019年大致为37.6%、58.3%、0.5%、27.3%；销售利润率同样经历了过山车式的波动，2016—2017年有所上升，但2018年暴跌至0.5%，随后在2019年回升至21.4%。在正常养殖年份中，养殖户获取收益所付出的投入较小，成本费用控制较好，养殖销售获利水平较高，盈利能力较强。而由于工厂化养殖的固定成本较高，一旦暴发虾病，养殖户大多通过增加养殖造次

以弥补损失，但造次增加带来了饲料、虾苗等的可变成本急剧上升，也有部分养殖户选择弃养来及时止损，说明目前对虾养殖户在虾病暴发的情况下，对成本控制显得无能为力，养殖销售获利水平极低，基本无盈利空间。

（3）不确定性分析

表2-24为工厂化养殖盈亏平衡分析结果，2016—2019年的盈亏平衡点对现有生产能力利用率分别为33.6%、39.3%、98.1%和48.3%，2018年该指标首次超70%，2019年则降低了将近一半；实际销售价格与盈亏平衡价格之差分别为12.3元/千克、12.9元/千克、0.2元/千克和11.3元/千克，说明工厂化养殖南美白对虾在正常的养殖年份中，在市场价格出现较大波动以及不确定性因素发生时具有较强的抵御风险能力，而一旦暴发较大规模的虾病，对市场价格波动与不确定性因素的抵御能力也将骤然衰减。即便是工厂化养殖，同样难以避免第一产业的弱质性。

表2-24 工厂化养殖盈亏平衡情况

项　目	2016年（2～4造）	2017年（3～4造）	2018年（2造）	2019年（2～4造）
盈亏平衡产量（千克/亩）	1 835	1 554	3 645	2 230
实际生产能力（千克/亩）	5 457	3 958	3 717	5 402
盈亏平衡点对现有生产能力利用率（%）	33.6	39.3	98.1	48.3
盈亏平衡价格（元/千克）	39.7	43.4	45.2	39.8
实际销售价格（元/千克）	52.0	56.3	45.4	51.1
实际销售价格与盈亏平衡价格之差（元/千克）	12.3	12.9	0.2	11.3

表2-25为工厂化养殖净利润对不同影响因素的敏感系数。从净利润敏感系数的绝对值来看，净利润对于价格的敏感系数是最高的，2016—2019年分别为4.2、4.4、187.5和91.0，说明在保持其他影响因素不变的情况下价格的变动引起净利润的变动程度是最大的，其次是可变成本，其绝对值分别为2.1、1.1、135.9和10.3，最后是固定成本，其绝对值分别为0.6、0.6、50.6和3.4，其中，因为2018年工厂化养殖情况不佳，成本大幅度提高，盈利能力整体降低，因此三个因素的敏感系数大幅度增加，2019年养

殖情况较好，敏感系数随之降低。同时从图 2－5 净利润敏感性分析图中直线与水平轴的夹角大小，也可以看出净利润对价格的变动最敏感，其次是可变成本，最后是固定成本。

表 2－25　工厂化养殖净利润敏感系数

项　目	2016 年 (2～4 造)	2017 年 (3～4 造)	2018 年 (2 造)	2019 年 (2～4 造)
固定成本	－0.6	－0.6	－50.6	－3.4
可变成本	－2.1	－1.1	－135.9	－10.3
价格	4.2	4.4	187.5	91.0

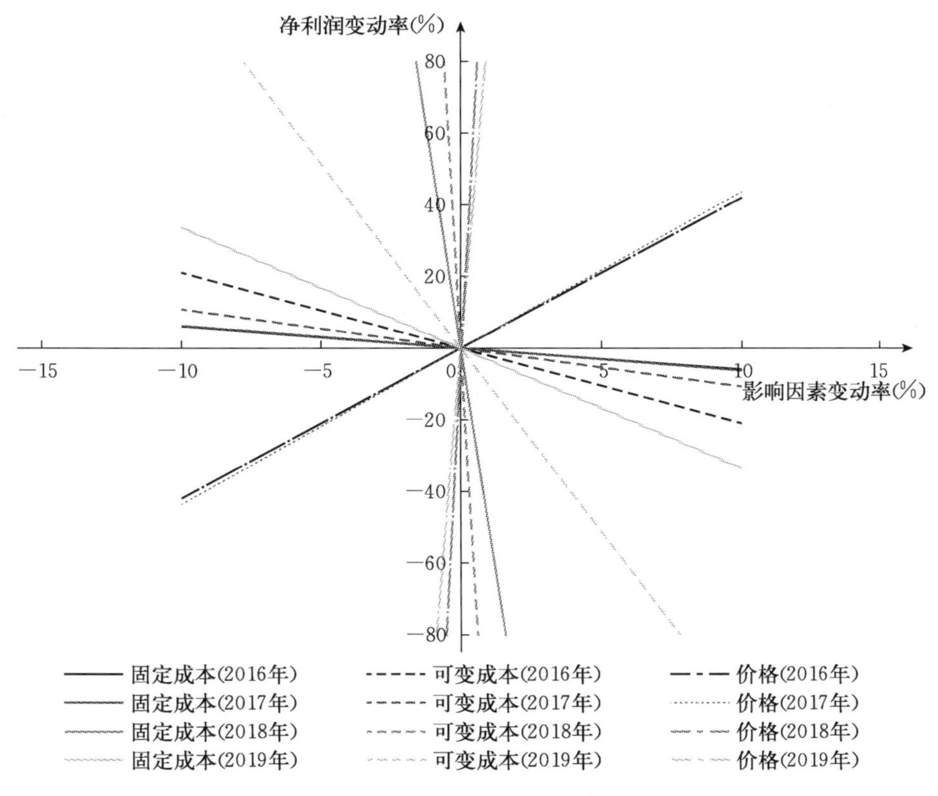

图 2－5　工厂化养殖净利润敏感性分析图

以上分析也表明，可以通过提高塘边销售价格来更大程度地增加养殖的净利润，提高养殖收益。工厂化一般养殖 2～3 造，尤其是工厂化养殖受自然条件限制少，可以合理安排投苗时间、错开集中上市的时间，或者打造优质对虾品牌以产生差异化定位，进而提高销售价格。同时从成本方面来看，提高各项可变成本的利用率，减少可变成本投入，也能够增加养殖的净利润，提高养殖收益。

2. 2017 年各地区工厂化养殖成本收益分析

(1) 成本分析

表 2－26 为 2017 年各地区工厂化养殖的成本构成情况。由表 2－26 可知，2017 年山东省、江苏省、河北省每亩养殖总成本分别为 135 923 元、114 623 元、143 562 元，可变成本在总成本中所占比例分别为 75.1%、50.3%和 36.7%，固定成本在总成本中所占的比例分别为 24.9%、49.7%和 63.3%。

在可变成本方面，山东省、江苏省、河北省亩均费用分别为 102 122 元、57 612 元和 52 674 元。就可变成本结构而言，饲料费用都是三省最主要的成本支出项，在总成本中所占比例分别为 35.6%、32.3%和 23.4%；其次是水电气和虾苗支出。在固定成本方面，山东省、江苏省、河北省亩均费用分别为 33 801 元、57 011 元和 90 888 元。就固定成本结构而言，固定资产折旧和固定员工工资费用都是三省最主要的成本支出项，固定资产折旧费用在总成本中所占比例分别为 9.8%、23.5%和 29.3%，固定员工工资费用在总成本中所占比例分别为 10.5%、22.6%和 32.7%。

表 2－26　2017 年各地区工厂化养殖模式亩均成本构成

成本项目		山东省		江苏省		河北省	
		金额（元）	占总成本比例（%）	金额（元）	占总成本比例（%）	金额（元）	占总成本比例（%）
可变成本	虾苗	16 243	12.0	5 556	4.8	7 587	5.3
	饲料	48 331	35.6	37 037	32.3	33 539	23.4
	虾药	8 087	5.9	0	0.0	744	0.5
	水电气	23 615	17.4	13 167	11.5	10 804	7.5
	仓储运输	2 142	1.6	0	0	0	0
	临时员工工资	3 704	2.7	1 852	1.6	0	0
	小计	102 122	75.1	57 612	50.3	52 674	36.7

（续）

成本项目		山东省		江苏省		河北省	
		金额（元）	占总成本比例（%）	金额（元）	占总成本比例（%）	金额（元）	占总成本比例（%）
固定成本	土地租金	500	0.4	444	0.4	361	0.3
	固定员工工资	14 216	10.5	25 926	22.6	46 965	32.7
	设备维修	1 178	0.9	3 704	3.2	1 439	1.0
	贷款利息	1 366	1.0	0	0	0	0
	固定资产折旧	13 267	9.8	26 937	23.5	42 123	29.3
	其他	3 274	2.4	0	0	0	0
	小计	33 801	24.9	57 011	49.7	90 888	63.3
总成本		135 923	100	114 623	100	143 562	100

根据以上分析可以看出，三个省工厂化养殖南美白对虾在每亩总成本方面，河北省最高，其次是山东省，最后是江苏省。山东省的可变成本远远大于其固定成本，江苏省的可变成本与其固定成本相差不大，河北省的可变成本小于其固定成本。这主要是因为山东省9个样本中，主要以个体养殖户为主，养殖规模小，基本上没有办公用房等支出，因此以可变成本支出为主；河北省4个样本中，主要以养殖公司为主，养殖规模大，养殖车间、办公用房更加标准化，管理人员、技术人员等固定人员也相对较多，因此固定成本支出较大。

同时还可以看出工厂化养殖过程中主要的养殖成本为饲料、水电气、虾苗、固定资产折旧和固定员工工资费用。

（2）收益分析

表2-27为2017年各地区工厂化养殖收益情况。从亩均净利润看，山东省最高，为89 295元，其次是江苏省，最后是河北省，分别为65 379元和61 549元。另外，山东省、江苏省和河北省成本利润率分别为65.7%、57.0%、42.9%，销售利润率分别为39.7%、36.3%、30.0%。可以看出相比于江苏省和河北省，山东省工厂化养殖南美白对虾的经济效益更好，成本控制做得较好，养殖销售获利水平较高，整体盈利能力较强。

表 2-27　2017 年各地区工厂化养殖模式亩均收益情况

项　目	山东省	江苏省	河北省
总成本（元）	135 923	114 622	143 561
总收入（元）	225 218	180 001	205 110.2
净利润（元）	89 295	65 379	61 548.9
成本利润率（%）	65.7	57.0	42.9
销售利润率（%）	39.6	36.3	30.0

（3）不确定性分析

表 2-28 为 2017 年各地区工厂化养殖的盈亏平衡情况。从盈亏平衡产量对现有生产能力利用率来看，山东省、江苏省、河北省分别为 31.7%、46.6%、59.9%，销售价格与盈亏平衡价格之间的差额则分别为 8.7 元/千克、21.2 元/千克、20.4 元/千克，可以看出在市场价格出现较大波动的情况下，山东省在产量上具有优势，而江苏省和河北省在价格上更具优势，三个省都具有一定抵御市场风险的能力与空间。

表 2-28　2017 年各地区工厂化养殖模式盈亏平衡情况

项　目	山东省	江苏省	河北省
盈亏平衡产量（千克/亩）	1 452	1 397	1 673
实际生产能力（千克/亩）	4 583	3 000	2 791
盈亏平衡点对现有生产能力利用率（%）	31.7	46.6	59.9
盈亏平衡价格（元/千克）	39.5	38.8	53.1
实际销售价格（元/千克）	48.2	60.0	73.5
实际销售价格与盈亏平衡价格之差（元/千克）	8.7	21.2	20.4

表 2-29 为 2017 年各地区工厂化养殖模式的净利润敏感系数对比。从利润敏感系数绝对值来看，三个省的净利润对于销售价格的敏感系数都是最

高的，分别为5.5、2.8和3.6，说明在保持其他影响因素不变的情况下，销售价格变动引起的净利润变动程度是最大的，且山东省最大，不同的是山东省净利润对可变成本的敏感系数绝对值大于对固定成本的，江苏省可变成本与固定成本的相差不大，河北省可变成本小于固定成本的，这与其成本构成直接相关。同时从图2-6净利润敏感性分析图中直线与水平轴的夹角大小，也可以看出净利润对价格的变动最敏感。

表2-29　2017年各地区工厂化养殖模式净利润敏感系数

项　目	山东省	江苏省	河北省
固定成本	−0.3	−0.9	−1.5
可变成本	−1.2	−0.9	−0.9
价格	5.5	2.8	3.6

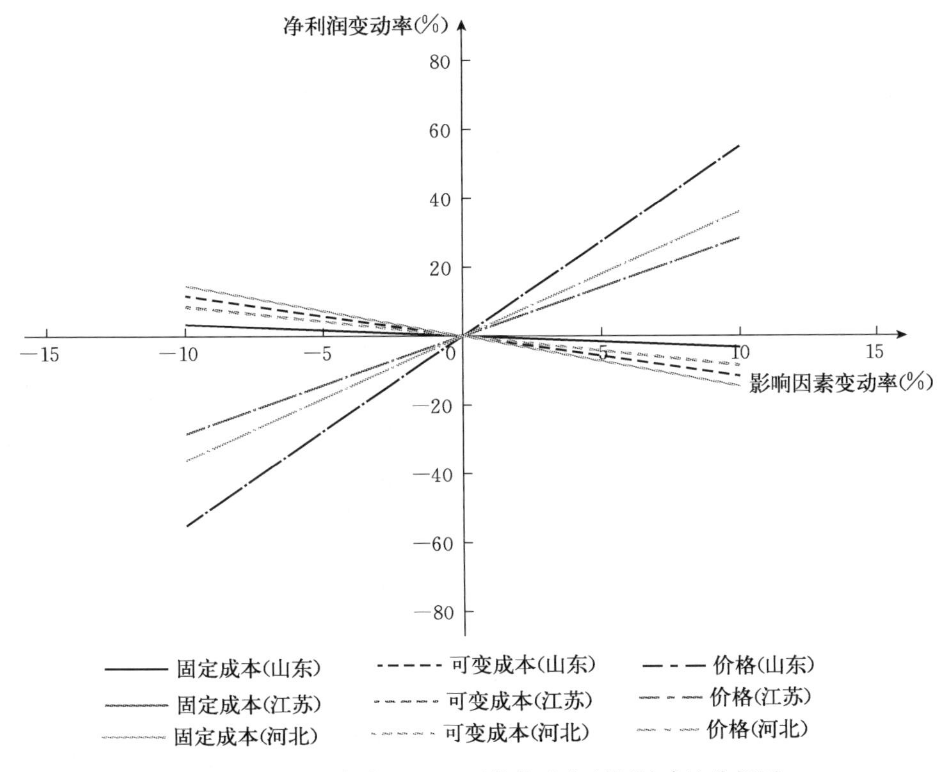

图2-6　2017年各地区工厂化养殖净利润敏感性分析图

以上分析表明，山东省与江苏省如果提高各项可变成本的利用率，减少可变成本投入，能够增加养殖的净利润，提高养殖收益，而河北省如果通过加强管理，减少不必要的固定人员支出，同时加强固定资产机械设备的保养维修来减少固定资产折旧支出，则有可能增加养殖的净利润。因固定成本的控制难度较大，河北省也可以考虑如何通过提高塘边价格来增加养殖的净利润。

3. 小结

（1）养殖成本方面

2018 年和 2019 年每亩成本投入为 168 017 元和 205 921 元，2016 年为 204 449 元，2017 年约为 136 584 元，年际变化较大，2018 年比 2017 年增加了 31 433 元，2019 年比 2018 年增加了 37 904 元。总成本中可变成本比重大于固定成本，2018 年可变成本的比重还有所上升。同时，工厂化养殖过程中主要的养殖成本占比由大到小依次为饲料、水电气、固定资产折旧、虾苗和虾药。河北省每亩总成本最高，其次是山东省，最后是江苏省。山东省的可变成本远远大于其固定成本，江苏省的可变成本与其固定成本相差不大，河北省的可变成本小于其固定成本。

（2）盈利能力方面

亩均净利润年际差异显著，从 2016—2017 年的 76 000～80 000 元暴跌至 2018 年的 900 元，2019 年又大幅度回升至 56 130 元。2018 年成本利润率和销售利润率均为 0.5%。从成本利润率和销售利润率来看，相比于前两年，2018 年工厂化养殖南美白对虾的经济效益欠佳，获取收益所付出的投入较高，养殖获利微薄。2019 年成本利润率为 27.3%，销售利润率为 21.4%，盈利水平回升。此外，相比于江苏省和河北省，山东省工厂化养殖南美白对虾的经济效益更好，获取收益所付出的投入较少，养殖销售获利水平较高，整体盈利能力较强。

（3）市场风险抵抗能力方面

在正常养殖年份，如 2016 年、2017 年和 2019 年，工厂化养殖南美白对虾在市场价格出现较大波动以及不确定性因素发生时具有一定的市场风险抵抗力，但在暴发虾病时，如 2018 年工厂化养殖的实际销售价格与盈亏平衡价格之差仅为0.2元/千克，抵御风险的能力急剧降低。净利润对于价格的敏感系数是最高的，其次是可变成本，最后是固定成本。由前文可知，江苏省市场风险抵抗能力较优，在盈亏平衡分析与敏感性分析中江苏省都表现出较大规避市场风险的空间。其次，河北省也具有一定的市场风险抵抗能力，而山东省则表现稍弱。具体来说，江苏省销售价格与盈亏平衡价格之差为21.2元/千克，而山东省和河北省分为20.4元和8.7元。敏感系数研究结果与盈亏平衡分析结果相同。江苏省固定成本、可变成本与价格的变动引起的净利润变动程度均小于江苏省和河北省，而三个省塘边价格的变动对于养殖者的净利润影响程度都最大。

五、跟踪养殖户成本收益分析

1. 基本情况

为观察近年来高位池养殖模式的养殖收益情况，产业经济研究团队选取了广东省湛江市高位池养殖户王某①进行跟踪调研，该养殖户有多年养殖南美白对虾的经验，经营管理精细，各类数据记录详细。该养殖户共有11口塘，面积共38亩，往年养殖皆为单养对虾模式，2019年开始尝试鱼虾混养（但比例很小）；每年养殖两造南美白对虾，每造养殖4个月左右，第一造一般在3月左右投苗，7月左右收虾，第二造一般在8月左右投苗，12月左右收虾，饲料系数在2∶1左右，投苗存活率在60%左右。

2. 成本分析

根据调查数据，该养殖户2014—2019年养殖成本构成如表2-30、表2-31所示，2017—2018年每亩成本投入分别为79 814元和80 673元，2019年第一造成本投入为每亩23 708元。在历年来的成本构成中，可变成本大于固定成本，占总成本比例一般都在80%左右。在所有成本项目中，饲料费用所占比重最大，一般超过40%，2018年比重最高达47.0%，2019年则降至34.8%；其次是营养剂和虾药费用、水电气费用、虾苗费用，分

① 为保护养殖户隐私，此为化名。

别在18%、10%、8%左右浮动，2019年虾苗费用比重比水电费用略高。此外，因为2019年截至调研时该养殖户只养殖了一造，因此各项成本费用皆较往年数据低。

总体而言，该养殖户养殖情况较为稳定，6年来的养殖成本构成无较大变化，但年均总成本不断增加，几乎每一项的亩均成本费用都有所增加，尤其是饲料、虾苗、水电气费用和员工工资不断水涨船高，从2014年的57 713元上升至2018年的80 673元。

表2-30　2014—2019年养殖户养殖亩均成本构成

单位：元

	项　目	2014年（2造）	2015年（2造）	2016年（2造）	2017年（2造）	2018年（2造）	2019年（1造）
可变成本	饲料	23 682	22 001	28 535	37 116	37 942	8 240
	营养剂和虾药	10 430	9 826	11 115	14 063	14 324	4 970
	虾苗	6 285	5 168	5 041	6 880	6 115	2 530
	水电气	5 921	6 259	7 492	8 270	8 839	2 368
	仓储运输	0	0	0	0	0	0
	临时员工工资	0	0	0	0	0	0
	小计	46 318	43 254	52 183	66 329	67 220	18 108
固定成本	土地租金	658	658	658	658	658	329
	固定员工工资	5 030	4 686	5 038	5 741	6 229	2 591
	设备维修费	354	263	206	157	124	53
	清塘费	108	288	170	241	568	222
	固定资产折旧	3 149	3 149	3 149	3 149	3 149	1 575
	其他费用	2 096	1 781	2 394	3 540	2 726	831
	小计	11 395	10 825	11 615	13 486	13 454	5 600
总成本		57 713	54 079	63 798	79 815	80 674	23 708

注：其他费用包括提虾费、拉料费、中介费、日常支出等。

表 2-31　2014—2019 年养殖户养殖成本比例构成

单位：%

	项　目	2014 年（2 造）	2015 年（2 造）	2016 年（2 造）	2017 年（2 造）	2018 年（2 造）	2019 年（1 造）
可变成本	饲料	41.0	40.7	44.7	46.5	47.0	34.8
	营养剂和虾药	18.1	18.2	17.4	17.6	17.8	21.0
	虾苗	10.9	9.6	7.9	8.6	7.6	10.7
	水电气	10.3	11.6	11.7	10.4	11.0	10.0
	仓储运输	0.0	0.0	0.0	0.0	0.0	0.0
	临时员工工资	0.0	0.0	0.0	0.0	0.0	0.0
	小计	80.3	80.0	81.8	83.1	83.3	76.4
固定成本	土地租金	1.1	1.2	1.0	0.8	0.8	1.4
	固定员工工资	8.7	8.7	7.9	7.2	7.7	10.9
	设备维修费	0.6	0.5	0.3	0.2	0.2	0.2
	清塘费	0.2	0.5	0.3	0.3	0.7	0.9
	固定资产折旧	5.5	5.8	4.9	4.0	3.9	6.6
	其他费用	3.6	3.3	3.8	4.4	3.4	3.5
	小计	19.7	20.0	18.2	16.9	16.7	23.6
	总成本	100.0	100.0	100.0	100.0	100.0	100.0

注：其他费用包括提虾费、拉料费、中介费、日常支出等。

3. 收益分析

该养殖户每年养殖两造南美白对虾，从图 2-7 可看出，历年来第二造的价格会高于第一造，原因有二：一是第二造对虾的规格由于气候原因通常会大于第一造；二是第二造收虾时间临近新年，市场价格会随之上涨。此外，由表 2-32 可知，2017 年该养殖户售出的平均虾价最高，2018 年和 2019 年第一造虾的价格较低。据养殖户介绍，2018 年第一造虾价格较低是受进口对虾的影响；2019 年第一造虾的价格更低于前两年的价格，平均价格为 29.1 元/千克，除了市场原因，还由于第一造的养殖天数较少、虾的规格较小。

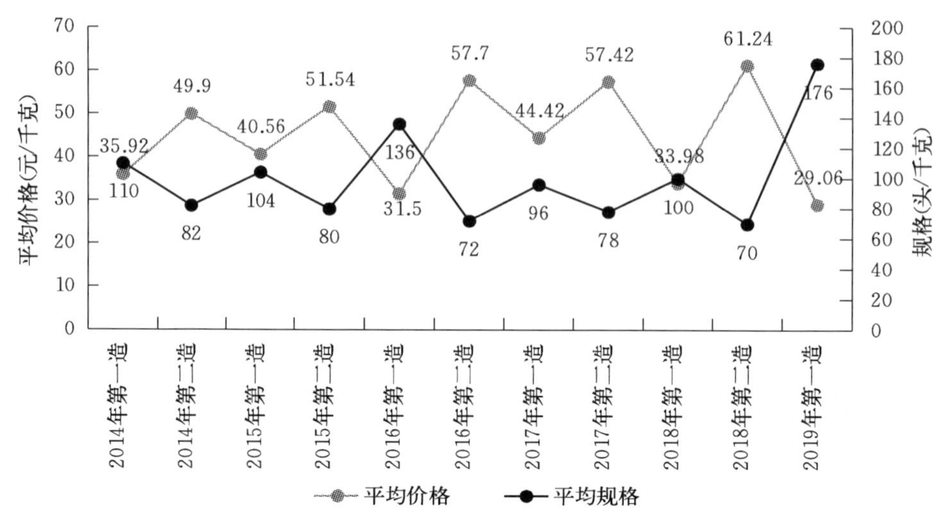

图 2-7　2014—2019 年（每造）跟踪养殖户对虾平均价格与规格走势

表 2-32 是 2014—2019 年该养殖户的养殖收益情况，6 年来，该养殖户的收益情况呈现先升后降的倒 U 形变化，盈利能力在 2017 年达到最高，而后缓慢下降。从亩均净利润和亩均短期收益看，2014—2017 年呈上升趋势，2017 年亩均净利润高达 89 540 元，亩均短期收益为 103 026 元，此后不断下降，2018 年和 2019 年的亩均净利润为 49 402 元和 3 121 元，高于全国和广东省高位池养殖的平均水平；亩均短期收益为 60 253 元和 8 721 元。总体而言，该养殖户的盈利情况高于广东省高位池养殖的平均水平，养殖情况良好。

表 2-32　2014—2019 年跟踪养殖户单位收益情况

项　目	2014 年（2 造）	2015 年（2 造）	2016 年（2 造）	2017 年（2 造）	2018 年（2 造）	2019 年（1 造）
总成本（元/亩）	57 713	54 078	63 797	79 814	80 673	23 708
总收入（元/亩）	77 034	72 337	103 797	169 354	127 472	26 829
净利润（元/亩）	19 322	18 259	40 000	89 540	49 402	3 121
短期收益（元/亩）	30 717	29 084	51 615	103 026	60 253	8 721

（续）

项　目	2014年（2造）	2015年（2造）	2016年（2造）	2017年（2造）	2018年（2造）	2019年（1造）
单位总成本（元/千克）	34	20	18	25	30	27
单位收入（元/千克）	45	27	29	54	48	31
单位盈利（元/千克）	11	7	11	29	18	4
成本利润率（%）	33.5	33.8	62.7	112.2	61.2	13.2
销售利润率（%）	25.1	25.2	38.5	52.9	38.8	11.6

如图2-8所示，从成本利润率和销售利润率来看，2017—2019年第一造的成本利润率大约为112.2%、61.2%和13.2%，销售利润率大约为52.9%、38.8%和11.6%。由此看出，近年来该养殖户成本费用控制得较好，养殖销售获利水平较高，盈利能力强，在2017年达到最高水平，但2018年和2019年第一造的盈利能力有所下降，与高位池养殖2017—2019年收益水平的趋势基本一致。

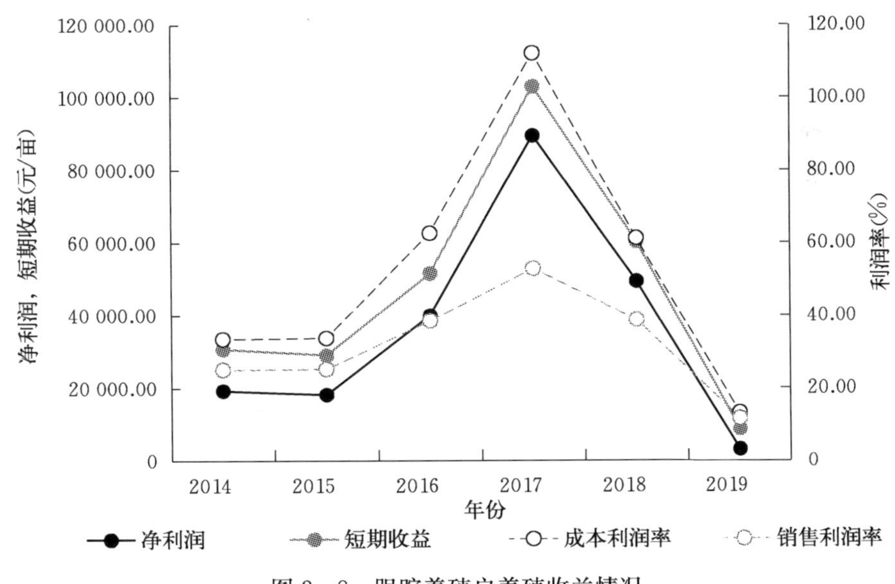

图2-8　跟踪养殖户养殖收益情况

4. 不确定性分析

(1) 盈亏平衡分析

表 2－33 为跟踪养殖户盈亏平衡分析结果，2014—2019 年第一造盈亏平衡点对现有生产能力利用率呈 U 形变化趋势，在 2017 年达到最低值，为 13.1%左右，2017 年盈利情况最佳，2018－2019 年第一造缓慢回升，分别在 22.3%和 17.4%左右。2014—2019 年第一造的实际销售价格与盈亏平衡价格之差呈倒 U 形变化趋势，2017—2019 年第一造的数值大致为 24.4 元/千克、12.7 元/千克和 24.6 元/千克。这说明该养殖户养殖南美白对虾在市场价格出现较大波动以及不确定性因素发生时拥有较高的抵御风险能力。近年来，即使在市场行情不好（受越南、泰国等东南亚国家进口对虾价格影响），周边养殖场大面积暴发虾病灾害的情况下，该养殖户还能保持较好的盈利状态。

表 2－33　2014—2019 年跟踪养殖户盈亏平衡情况

项　目	2014 年	2015 年	2016 年	2017 年	2018 年	2019 年（1 造）
盈亏平衡产量（千克/亩）	638	1 015	819	410	597	151
实际生产能力（千克/亩）	1 719	2 726	3 639	3 135	2 672	868
盈亏平衡点对现有生产能力利用率（%）	37.1	37.2	22.5	13.1	22.3	17.4
盈亏平衡价格（元/千克）	33.6	19.8	20.5	29.6	35.0	33.4
实际销售价格（元/千克）	44.8	26.5	28.5	54.0	47.7	58.0
实际销售价格与盈亏平衡价格之差（元/千克）	11.2	6.7	8.0	24.4	12.7	24.6

(2) 敏感性分析

表 2－34 是 2014—2019 年跟踪养殖户养殖净利润对不同影响因素的敏感系数。从净利润敏感系数的绝对值来看，历年来净利润对于价格的敏感系数是最高的，其绝对值在 1.9～8.6，说明在保持其他影响因素不变的情况下，价格的变动引起的净利润变动程度是最大的，2019 年净利润对于价格的敏感系数比往常更高；其次是可变成本，其绝对值在 0.7～5.8；最后是固定成本，其绝对值在 0.2～1.8。同时从图 2－9 中直线与水平轴的夹角大

小，也可以看出净利润对价格的变动最敏感，其次是可变成本，最后是固定成本。

以上分析也表明，如果提高销售价格，养殖净利润和养殖收益可进一步提高。该养殖户拥有多年的养殖经验，每年都会根据当地市场行情变化合理选择收虾及售虾时间，错开南美白对虾集中上市的时间，进而提高销售价格。同时从成本方面来看，如果提高各项可变成本的利用率，减少可变成本投入，也能够增加养殖的净利润，提高养殖收益。

表 2-34　跟踪养殖户净利润敏感系数

项　目	2014 年（2 造）	2015 年（2 造）	2016 年（2 造）	2017 年（2 造）	2018 年（2 造）	2019 年（1 造）
固定成本	−0.6	−0.6	−0.3	−0.2	−0.3	−1.8
可变成本	−2.4	−2.4	−1.3	−0.7	−1.4	−5.8
价格	4.0	4.0	2.6	1.9	2.1	8.6

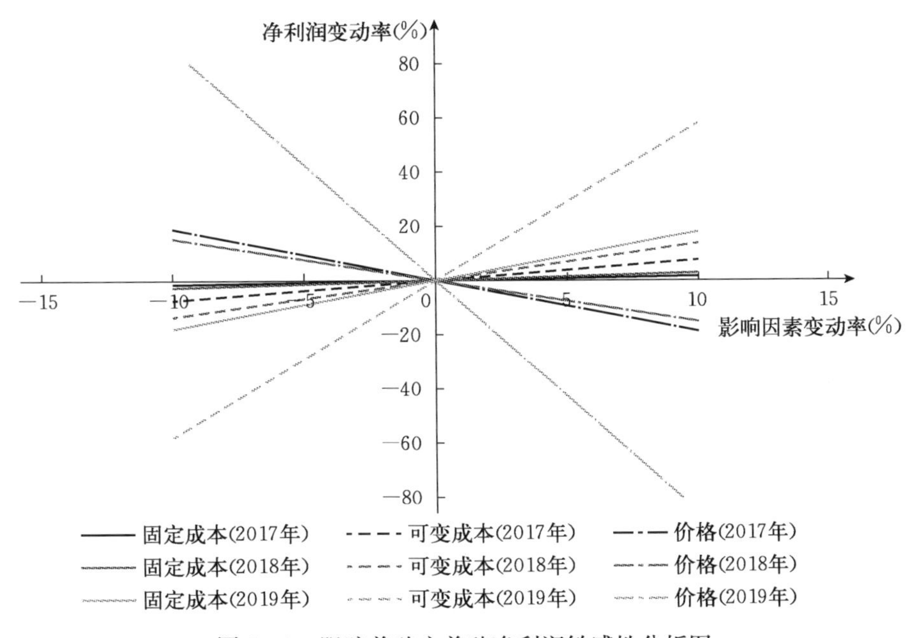

图 2-9　跟踪养殖户养殖净利润敏感性分析图

通过对该养殖户的分析不难得出以下结论：在整个养殖过程中，虾苗的选购与投放密度、养殖水环境的调节与保持、饲料的投放频率和数量等，对于绝大部分养殖户而言，除了饲料企业技术人员、技术推广人员的有限指导，都依赖于个人的经验和附近养殖户的口口相传。因此，养殖经验的丰富程度和生产管理的精细程度是对虾养殖成功的关键性因素，该养殖户正是因为兼具这两方面的优势，才能在长达近十年的对虾养殖过程中几乎年年盈利。

第三篇 DISANPIAN

李嘉图之“手”

一、对虾国内市场消费

1. 对虾消费数量

尽管我国对虾产量 11 年间已增加了约 110 万吨，人均对虾占有量已超过 2 千克。但随着国内居民的消费升级，对虾人均消费水平不断提高，国内产出已不能完全满足需求。2018 年我国已成为对虾净进口国，从厄瓜多尔、印度、阿根廷、越南等国的进口数量达到 25.8 万吨，人均表征消费量已超过 3.5 千克①。

2. 对虾消费意愿与结构

虾蟹产业技术体系产业经济研究团队 2019 年以在线问卷方式开展了对虾消费情况的调查研究。本次调查以在线问卷填写的方式进行，以“点—线—面”的方式从上海向外扩散，收集了我国 28 个省份和少量港澳台地区的数据以及国外的数据。为进一步精确分析，本部分把数据来源主要分为：华北地区、华东地区、华中地区、华南地区、西南地区、西北地区和港澳台地区及国外 8 个部分，共获得 1 860 份问卷，其中有效问卷 1 468 份，问卷主要来自华中和华东地区（表 3 - 1）。

表 3 - 1　在线调查消费者来源分布

省份	频数	省份	频数	省份	频数
北京	63	山东	130	湖北	37
上海	397	江苏	146	湖南	4
天津	19	安徽	173	河南	147
重庆	3	浙江	122	河北	16
内蒙古	27	福建	29	山西	54
新疆	27	江西	49	陕西	54
广西	24	广东	97	甘肃	2
四川	12	海南	54	青海	1
云南	5	吉林	28	黑龙江	10
贵州	12	辽宁	1		

① 数据来源：根据《中国渔业统计年鉴》、《中国统计年鉴》2008 年、2018 年数据测算。

分析表明，与其他甲壳类水产品相比，消费者表现出明显的对虾消费偏好，75%的消费者选择对虾。与鱼类水产品相比，消费者对对虾没有表现出显著的非偏好。42%的消费者选择消费对虾，其最主要的原因是出于对健康与营养的考虑，其次是加工方便。消费者在购买对虾时，大部分买的是养殖对虾，而且只有32%的消费者关注品种，30%的消费者不关注品种，还有38%的消费者分不清品种；购买最多的对虾品种是南美白对虾，其次是中国对虾和斑节对虾。菜市场和超市仍是消费者购买水产品的最主要场所。在购买对虾类水产品时，人们更喜欢购买鲜活水产品，即活虾。消费者购买对虾时最关注的是水产品的新鲜程度、食用安全性和价格。居家消费仍然是对虾类消费者消费水产品的主要方式；进口水产品的消费还不是很普遍，消费过进口水产品的消费者仅占29%，但随着我国进口规模的不断扩大，该比例有望持续提高。

根据中国工程科学技术知识中心渔业知识服务系统提供的天猫平台数据，中国2018年虾类产品销量高达42 286.73万只，占天猫虾类产品总销量的51.21%，居全球之首，且遥遥领先于其他国家，排在第二位的加拿大其销量比中国低44%。因此，尽管目前就消费总体而言，网购的比例只有个位数，但随着80后和90后逐渐成为我国消费群体的主力，网购的比例大幅度提高已成为一种必然趋势。

二、塘头对虾交易收购价格变动趋势[①]

1. 长三角地区

（1）上海

2019年上海除5月份外，其他月份对虾塘边价格相对平稳。2019年5月对虾塘边价格处于全年最高位，其中30只/斤[②]规格的虾价最高，达到了34.67元/斤。随着对虾规格的下降（单位头数的增加），对虾的价格也开始

① 本部分内容如不特别说明，养殖的对虾均指南美白对虾。本报告月度价格根据海大农牧公众号定期发布的全国对虾塘边价格数据加工整理得出，产业经济研究团队利用各主要产区每周发布的塘边价格，进行算术平均计算出月度平均价，原始数据由于篇幅限制不一一列出。

② 斤为非法定计量单位，1斤=500克。——编者注

下降。如 50 只/斤的对虾，塘边价格为 28.67 元/斤，60 只/斤的对虾只能卖到 26.33 元/斤（表 3－2）。

表 3－2 上海活水对虾塘边价格变动情况

单位：元/斤

规格（只/斤）	5 月	6 月	7 月	8 月	9 月	10 月
60	26.33	19.63	18.00	18.70	17.75	19.00
50	28.67	21.75	20.00	20.60	19.75	21.00
40	32.00	23.75	22.00	22.60	21.75	23.25
30	34.67	26.25	24.00	24.60	23.75	25.00
合计	30.42	24.73	21.00	21.63	20.75	22.06

数据来源：海大农牧公众号 2019 年虾价行情数据。

进入 6 月份后，随着供应量的增加，对虾塘边价格逐步走低，40、50、60 只/斤规格的对虾，每斤塘边价格分别下滑到 23.75 元、21.75 元和 19.63 元。随后的月份，上海活水对虾塘边价格波动不大，规格为 40 只/斤的虾价格在 21.75～23.25 元/斤；50 只/斤规格的对虾，出塘价在 19.75～21 元/斤；规格为 60 只/斤的虾，价格维持在 17.75～19 元/斤。此外，体型更大、规格更高的 30 只/斤的对虾，5 月才开始上市，而该规格对虾塘边收购价也是最高的。2019 年 5—10 月，30 只/斤的对虾塘边单价基本保持比 40 只/斤的对虾高 2 元左右（表 3－2）。

上海地区下半年对虾塘边收购价格的平稳，有利于虾农合理安排养殖生产、取得稳定的养殖收益。

（2）浙江

与上海同处在长三角地区的浙江省，2019 年活水对虾的塘边价格变动情况与上海相似，即在 5 月份对虾塘边价格在高位运行，规格为 30 只/斤和 40 只/斤的对虾单价分别为 31 元、31.17 元，均低于上海同规格成虾。而对于 50 只/斤和 60 只/斤两种规格的对虾，浙江地区价格高于上海地区的价格。自 6 月份开始，浙江对虾塘边价大幅下降，40～60 只/斤的三种规格对虾价格下降幅度在30%左右，有2019年萧山、绍兴等地发生病害冲击市场的因素。此后，浙江活水对虾塘边价格平稳运行，40只/斤的规格价格在21.38～22.81元/斤；50只/斤规格的对虾，塘边价在18.81～21.13元/斤，最低价低于上海；规格为60只/斤的虾，价格维持在17.06～19.31元/斤，价格浮动范围较小（表3-2和表3-3）。

表3-3　浙江活水对虾塘边价格变动情况

单位：元/斤

规格（只/斤）	5月	6月	7月	8月	9月	10月
60	27.25	18.50	19.31	19.10	17.06	17.94
50	30.58	20.19	21.13	20.65	18.81	19.69
40	31.17	22.13	22.81	22.65	21.38	22.56
30	31.00	24.94	24.63	24.10	23.25	24.94
合计	30.00	21.44	21.97	21.63	20.13	21.28

数据来源：海大农牧公众号2019年虾价行情数据。

（3）江苏

江苏是长三角地区另一个具有对虾养殖传统的省份。2019年1月份的塘边价格远高于5月至10月价格，5月份30只/斤的对虾价格低于1月份同规格的29.6%。30支、40支、50支及60支规格的虾，5月每斤塘边价格分别下滑到29.75元、26.75元、24.5元和22.25元，较1月价格平均下降幅度为31.84%（表3-4）。

6月江苏地区活水对虾相较于5月份有小幅度下降，但从6月开始至10月，各规格对虾价格波动较为平稳，规格为40只/斤的对虾价格在20.31～22.60元/斤，6—10月最低价低于上海、浙江两地同规格对虾近1元；50只/斤规格的对虾，塘边价在18.25～20元/斤，6—10月最低价均比上海同规格对虾低1元左右，与浙江价格相当；规格为60只/斤的虾，价格维持在16～19.80元/斤，6—10月最低价均比上海和浙江地区同规格对虾低1元左右。

由此可见，江苏地区 2019 年对虾塘边价格均略低于上海和浙江地区，但价格波动趋势与上海和浙江两地相似。

表 3-4 江苏活水对虾塘边价格变动情况

单位：元/斤

规格（只/斤）	1月	5月	6月	7月	8月	9月	10月
60	33.25	22.25	16.19	16.00	19.80	17.00	18.50
50	36.25	24.50	18.25	18.25	19.80	18.50	20.00
40	39.50	26.75	20.31	20.50	22.60	20.75	22.00
30	42.25	29.75	22.63	22.69	25.20	23.00	24.75
合计	37.81	25.81	19.34	19.36	21.85	19.81	21.31

数据来源：海大农牧公众号 2019 年虾价行情数据。

2. 珠三角地区

广东珠三角一带除南美白对虾外，罗氏沼虾（罗虾）养殖规模也较大，本部分把罗虾价格列入做比较。总体来看，2019 年罗虾塘边价显著比对虾高，且罗虾价格波动趋势与对虾略有不同（图 3-1）。

2019 年珠江三角洲南美白对虾监测样本点塘边价格波动大致可分为三个阶段：第一个阶段是 2019 年 1 月至 2019 年 2 月，塘边价格整体下滑；第二个阶段是 3 月至 4 月，价格呈上涨状态，达到全年最高价；第三阶段是从 5 月开始，活虾塘边价格下滑至最低点，随后各月塘边价格波动幅度较小，相对平稳（图 3-1）。罗虾价格整体均高于各类养殖方式的对虾价格。

从具体价格数据来看，2019 年 2 月广州周边罗虾塘边价格最高，达到了 46 元/斤，而江门清塘对虾塘边价格最低，为 18.31 元/斤，主要是因为节后对虾市场需求减少，罗虾市场需求增长。在 4 月份各地区对虾价格达到最高，番禺对虾 4 月价格高达 37.17 元/斤，但仍然略低于罗虾下滑后的价格。2019 年 4 月至 7 月，珠三角地区对虾塘边价格大幅度下滑，江门、珠海、番禺价格环比下降了 56.62%、56.35%和 52.57%。从 7 月份开始，在经历过 3 个月的持续下滑后，塘边价格开始保持较为平稳的状态，对虾价格波动基本控制在 8 元/斤以内。台山和电白两地从 6 月开始上市对虾，塘边价格维持在 16.15～19.33 元/斤，波动趋势较为平稳。

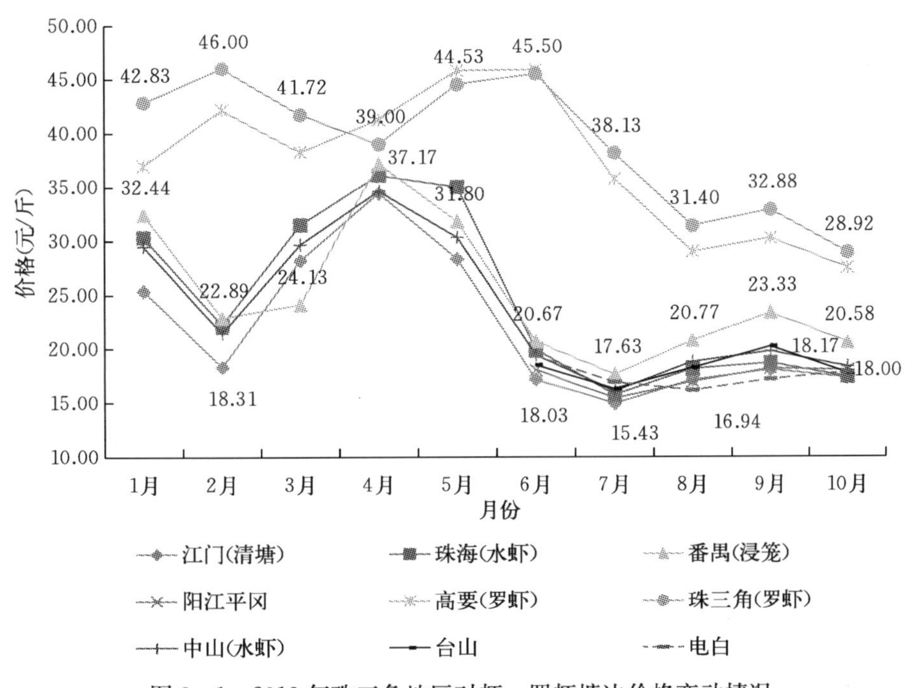

图 3-1　2019 年珠三角地区对虾、罗虾塘边价格变动情况

分规格来看，规格越小的对虾塘边价格越低。如图 3-2 显示，2019 年珠三角地区对虾出塘的规格在每斤 40～70 只，全年平均价格最高的规格是 40 只/斤，塘边价格达到为 27.74 元/斤，随着规格的缩小，对虾塘边价格呈下降趋势。60 只/斤和 70 只/斤两个规格对虾塘边价格分别为 20.8 元/斤和 18.93 元/斤。

常规规格对虾，即每斤 40～70 只，2019 年全年都有供应，不同规格的对虾塘边价格波动趋势基本一致。2019 年 2—4 月，由于整个珠三角地区市场的存塘量少，导致塘边价格持续上涨，40 只/斤的对虾 4 月份的塘边价格 39.90 元/斤为全年最高点。7—10 月，是珠三角对虾价格比较平稳的一段时期，且价格基本处于全年的低位，各常规规格虾价都没有大幅度波动，总体上在 12.75～22.58 元/斤（图 3-3）。

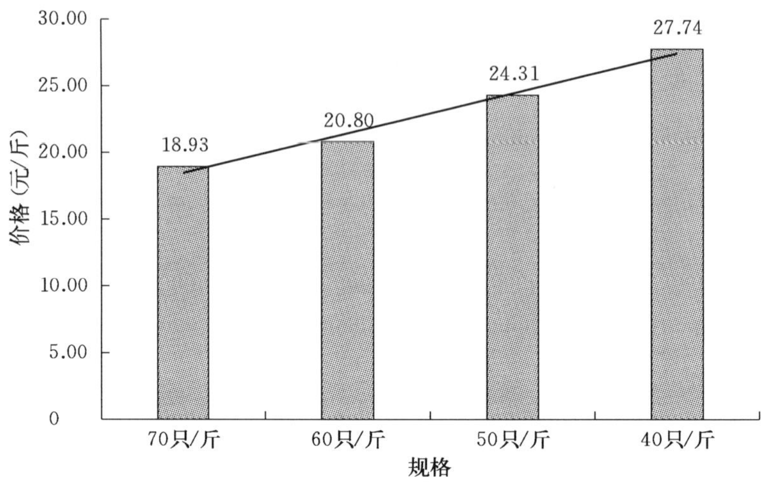

图 3－2　2019 年珠三角地区常规规格对虾平均塘边价格

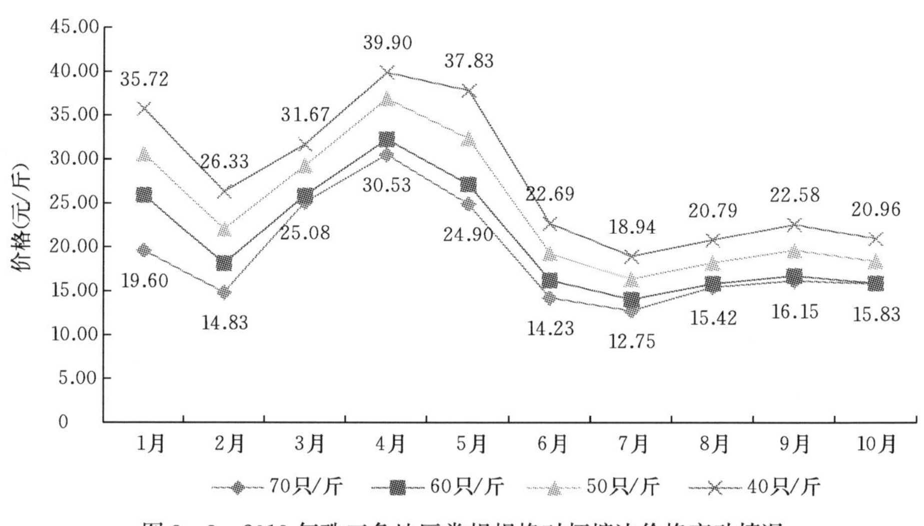

图 3－3　2019 年珠三角地区常规规格对虾塘边价格变动情况

（资料来源：海大农牧公众号 2019 年虾价行情数据）

3. 华北地区

（1）河北唐山、黄骅

地处华北地区的河北省唐山市，2019 年对虾塘边价格总体表现出比较平稳的态势。具体来看，7—10 月出池的对虾主要是 20 只/斤、30 只/斤、40 只/斤这 3 种规格，波动趋势基本一致。40 只/斤的价格 8 月最低，7 月最高，价格范围在 17.90～20.25 元/斤。20 只/斤的价格 7 月与 10 月最高，均为 26.50 元/斤。2019 年 7 月至 10 月河北唐山各规格对虾整体价格波动控制在 3 元/斤的范围内，波动较小（图 3－4）。

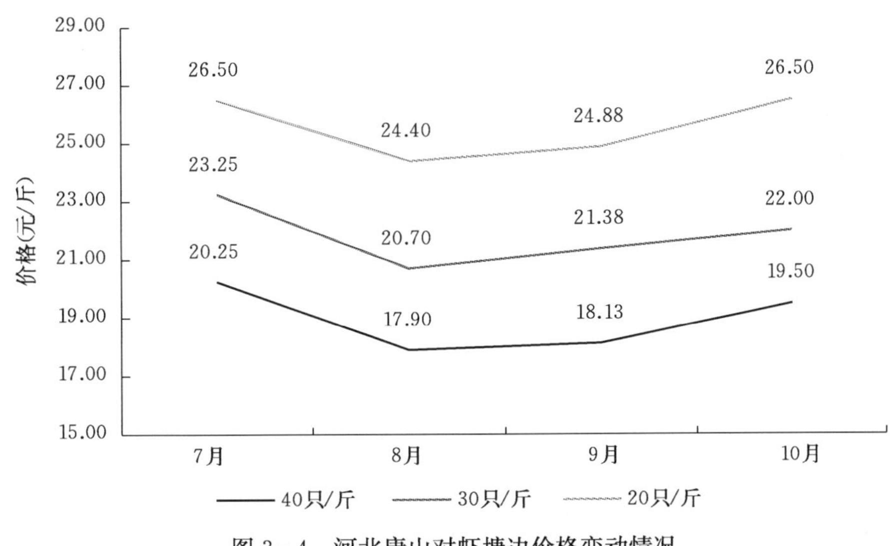

图 3－4　河北唐山对虾塘边价格变动情况

河北对虾按照养殖模式来看，分为土塘和工厂化两种不同的养殖模式。由于养殖模式的不同，成虾规格不同，价格变化也相应存在差异。由于在工厂化的模式下温度、湿度、养殖水质等环境因素相对容易控制，所以出虾规格也稳定，在 30～50 只/斤。规格 30～50 只/斤的对虾，1—3 月、7—10 月均有上市。其中 1 月，工厂化养殖对虾塘边价格最高，30 只/斤和 40 只/斤的均价分别为 38.33 元/斤和 32.00 元/斤；7—10 月，各规格对虾价格都趋于稳定，其中两种规格 30 只/斤和 40 只/斤对虾塘边均价从年初的高位降到 22.50 元/斤和 17.00 元/斤，下降幅度为 41.30％和 46.88％（图 3－5）。

基于以上分析，河北地区夏季土塘养殖的模式增加了当地活虾的供给，起到了稳定对虾价格、避免对虾市场价格大幅波动的作用。

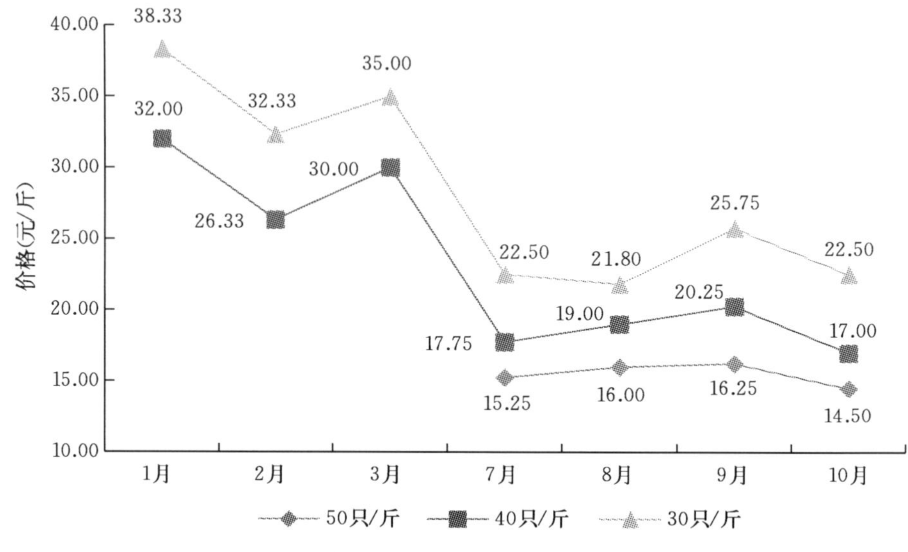

图 3-5　河北黄烨工厂化养殖对虾塘边价格变动情况

(2) 辽宁盘锦

辽宁盘锦从 7 月份开始就有大规格 20 只/斤的对虾出现在市场上，由于规格较大，价格也普遍高于 30 只/斤和 40 只/斤规格的对虾。也由于 20 只/斤对虾的高价使市场均价上浮，30 只/斤和 40 只/斤规格的对虾在 7—10 月均低于市场均价。7—8 月辽宁盘锦对虾价格整体下滑，10 月开始价格有所回调，但与 7 月价格仍有所差距。从整体上看，辽宁盘锦价格变动趋势较为平缓，同一规格对虾的价格变动不大（图 3-6）。

4. 雷州半岛、海南、广西地区

(1) 湛江

根据本报告数据来源，2019 年湛江规格为 20 只/斤的对虾只在 2 月份与 3 月份进行了记录，塘边价格分别为 46 元/斤、41 元/斤，价格远高于其他规格。常规规格对虾，即 30～60 只/斤的对虾，2019 年全年湛江基本都有成虾出塘。30 只/斤的对虾 2019 年塘边均价最高，为 31.04 元/斤；40 只/斤、50 只/斤和 60 只/斤的对虾 2019 年塘边均价分别为 26.01 元/斤、21.71 元/斤、17.66 元/斤。

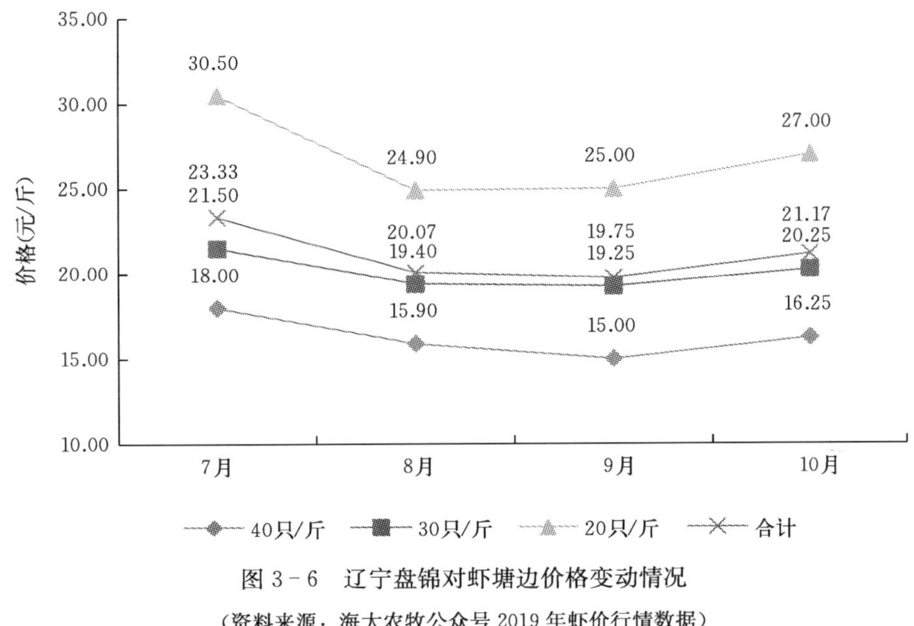

图 3－6　辽宁盘锦对虾塘边价格变动情况

（资料来源：海大农牧公众号 2019 年虾价行情数据）

从图 3－7 可知，除 20 只/斤的对虾外，2019 年其他规格对虾价格波动趋势基本一致。常规规格对虾，在 1—2 月价格有所下浮，3—4 月价格大幅上涨，5—8 月不断下跌，8 月份跌至最低点，9—10 月价格持续处于低位状态。30 只/斤规格在 4 月达到了 41.75 元/斤的高价；但从 4 月开始，塘边均价持续下降，6 月较 4 月下降了 30.54%。40 只/斤规格的对虾，4 月塘边价为 36.15 元/斤，8 月降到最低价 21.17 元/斤，降幅为 41.44%；50 只/斤和 60 只/斤规格的对虾塘边价格始终低于市场平均价（所有规格对虾塘边价平均值）（图 3－7）。

（2）海南

2019 年海南对虾价格的变动趋势与湛江相似。具体来看，2 月 30 只/斤规格对虾的塘边价较 1 月下浮 18.77%；4 月塘边价上涨至 37.08 元/斤，较年初上涨 33.62%，该价格为全年所有规格中最高价；40 只/斤规格对虾的塘边价与市场平均价最为接近，之间差价最多不超过 2.64 元/斤。而 50 只/斤和 60 只/斤规格的对虾塘边价格低于市场平均价。海南 4—5 月 50 只/斤规格对虾

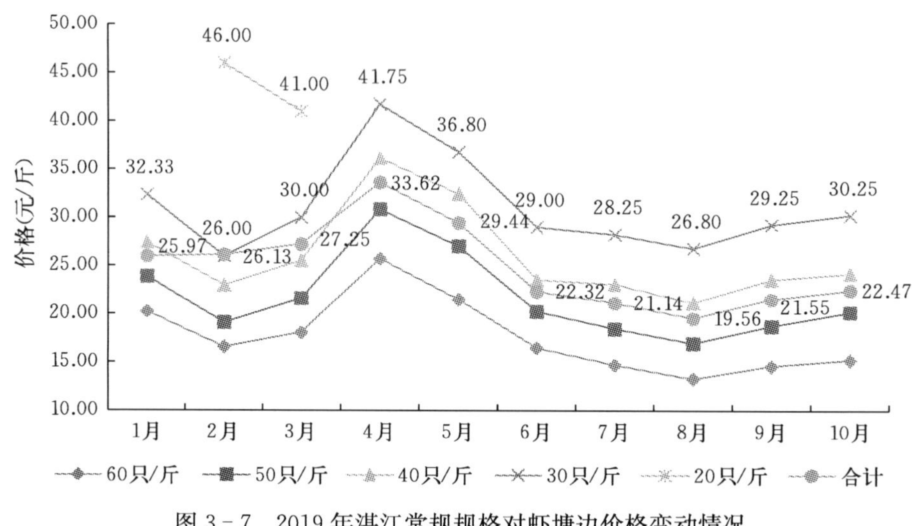

图 3-7　2019 年湛江常规规格对虾塘边价格变动情况

（资料来源：海大农牧公众号 2019 年虾价行情数据）

的塘边均价为 25.52 元/斤，6—10 月均价为 17.14 元/斤，较前 2 个月下降 32.84%；60 只/斤是所有规格中价格最低的，60 只/斤的全年均价低于海南市场年均价 4.65 元/斤（图 3-8）。

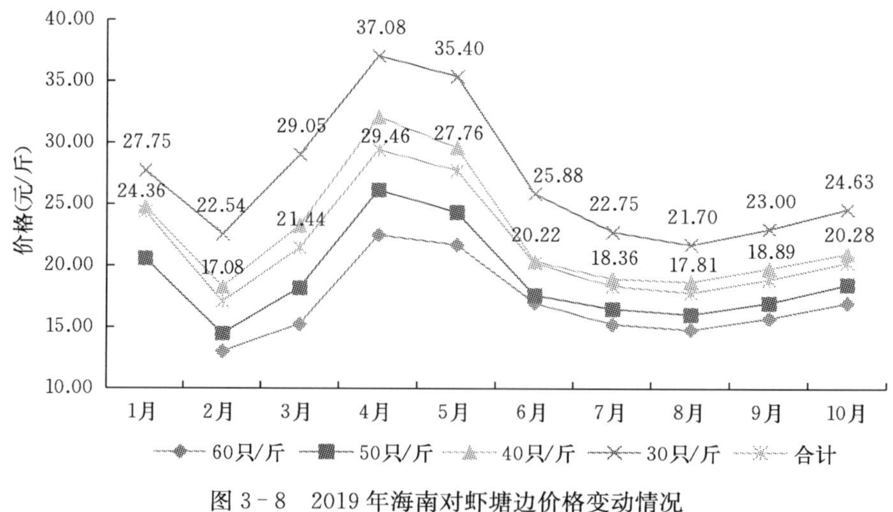

图 3-8　2019 年海南对虾塘边价格变动情况

（资料来源：海大农牧公众号 2019 年虾价行情数据）

(3) 广西

2019 年广西 30 只/斤规格的对虾塘边收购价格比较高，仅有 9 月与 10 月有价格记录，价格为 31.33 元/斤和 29.33 元/斤，均高于其他规格对虾。

2019 年广西常规规格对虾，即 40～60 只/斤，2—4 月塘边价格均保持稳步上涨趋势，5—10 月开始下降且在下降到一定价格后开始保持平稳。广西 50 只/斤 4 月塘边价为 30.31 元/斤，5—10 月塘边平均价为 21.43 元/斤，比最高价 4 月下降了 29.3%；50 只/斤的对虾在 7 月前塘边价均高于市场均价，但从 9 月至 10 月价格明显低于均价，主要是原因是 9 月与 10 月上市了 30 只/斤的高价位对虾。60 只/斤的对虾塘边价格变动与 50 只/斤的对虾基本一致，在 4 月出现最高价 26.06 元/斤，6—10 月回落到 17.03 元/斤，较最高价的 4 月下降了 34.65%。40 只/斤规格的对虾，2—3 月塘边平均价为 22.38 元，6—10 月均价为 22.36 元/斤，价格基本持平（图 3-9）。

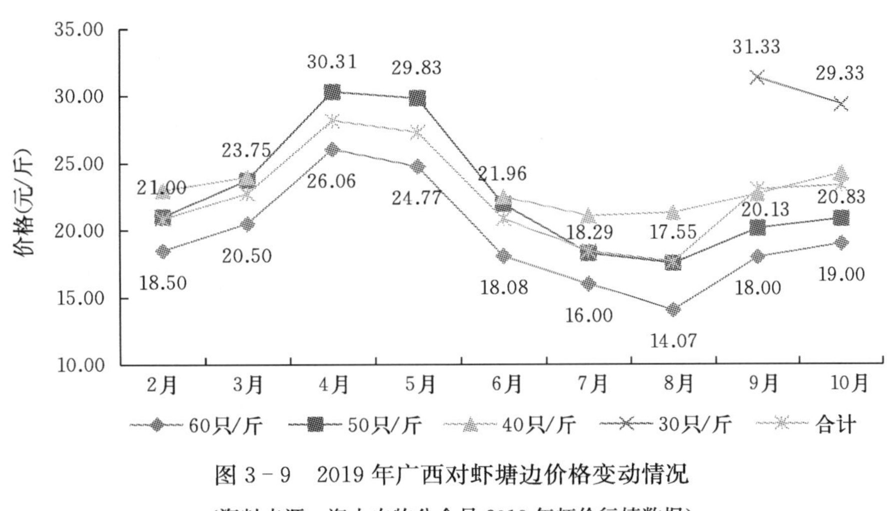

图 3-9　2019 年广西对虾塘边价格变动情况

（资料来源：海大农牧公众号 2019 年虾价行情数据）

2019 年广西对虾的塘边价，除 9—10 月份略高于湛江价格，其他月份对虾塘边价格均低于湛江。海南地区除 4 月和 5 月外，其他月份均低于湛江、广西两地区（图 3-10）。

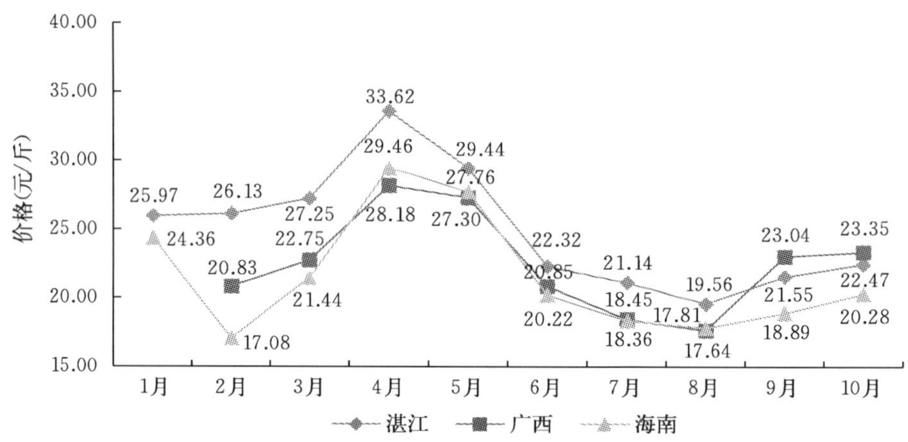

图 3－10　2019 年湛江、海南、广西对虾塘边价格变动情况

（资料来源：海大农牧公众号 2019 年虾价行情数据）

5. 闽潮汕地区

（1）饶平、澄海、鮀浦、地都、潮阳规格 100 只/斤的冰对虾

相比活水对虾，由于冰冻对虾的品质稳定、便于运输，2019 年价格整体呈上涨趋势，但上涨幅度并不大。2019 年 6—10 月，100 只/斤规格的冰对虾在饶平、澄海、鮀浦、地都、潮阳的平均价格变动区间为 9.67～12.08 元/斤，最低价出现在 6 月，最高价出现在 10 月，最高价和最低价的差距仅为 2.41 元/斤。在这 5 个地区中，饶平 100 只/斤规格的冰对虾收购价格在 6、7、10 月一直高于其他 4 个地区，仅在 8 月与 9 月略低于鮀浦、地都地区（图 3－11）。

（2）龙海、漳浦

漳浦只有规格为 30～50 只/斤的对虾价格数据。30 只/斤的对虾价格最高，龙海的塘边价是 31.57 元/斤，漳浦的价格为 29.70 元/斤；漳浦与龙海两地各常规规格对虾塘边价格差价普遍较小。50 只/斤的对虾，在龙海、漳浦两地平均价几乎相同，仅相差 0.4 元/斤（图 3－12）。

（3）汕尾

汕尾地区 2019 年 1 月和 6—7 月，塘边价格整体呈下降趋势，8—10 月趋于平稳。30 只/斤规格的对虾平均塘边价为 26.45 元/斤。40 只/斤平均价格为

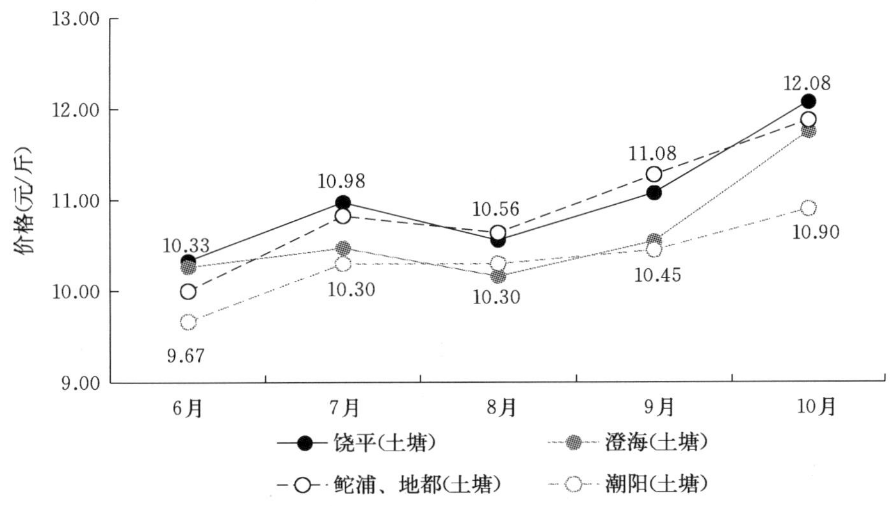

图 3－11　2019 年规格 100 只/斤冰对虾价格变动情况

（资料来源：海大农牧公众号 2019 年虾价行情数据）

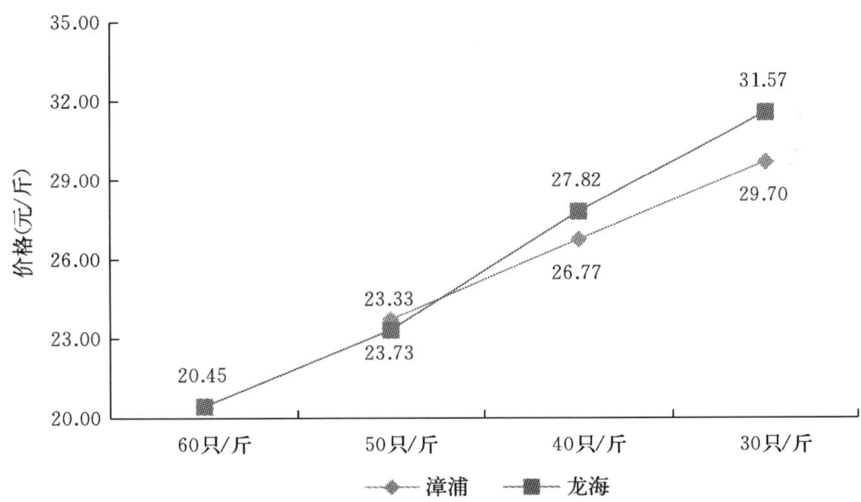

图 3－12　2019 年龙海、漳浦对虾价格变动情况

（资料来源：海大农牧公众号 2019 年虾价行情数据）

22.81 元/斤，较前一规格下降 13.76%。50 只/斤平均价格为 19.35 元/斤，较 40 只/斤规格下降 15.17%。60 只/斤规格的对虾塘边均价最低，为 15.95

元/斤。2019 年 7—10 月，所有规格对虾塘边平均价为 20.11 元/斤（图 3－13）。

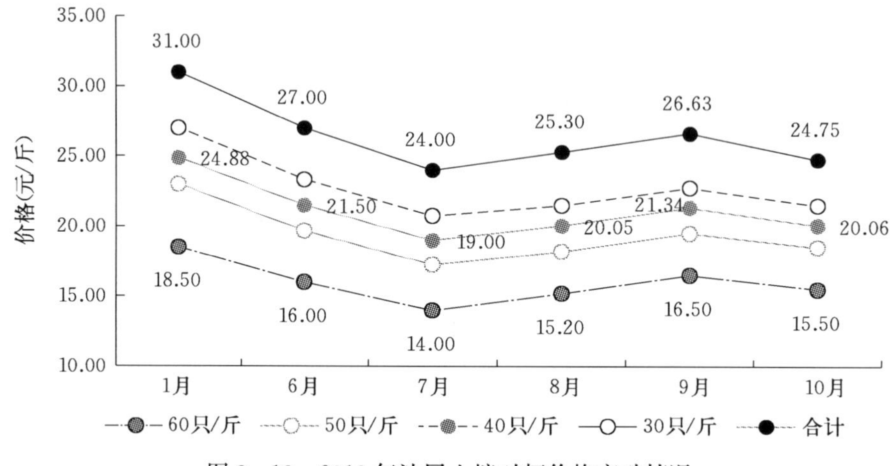

图 3－13　2019 年汕尾土塘对虾价格变动情况

（资料来源：海大农牧公众号 2019 年虾价行情数据）

2019 年 3 月汕尾高位池有 20 只/斤大规格对虾出塘，均价为 39 元/斤；50 只/斤的小规格对虾，塘边价为 28.50 元/斤。1—2 月汕尾高位池对虾价格下降，但在 3 月份价格有所回暖（图 3－14）。

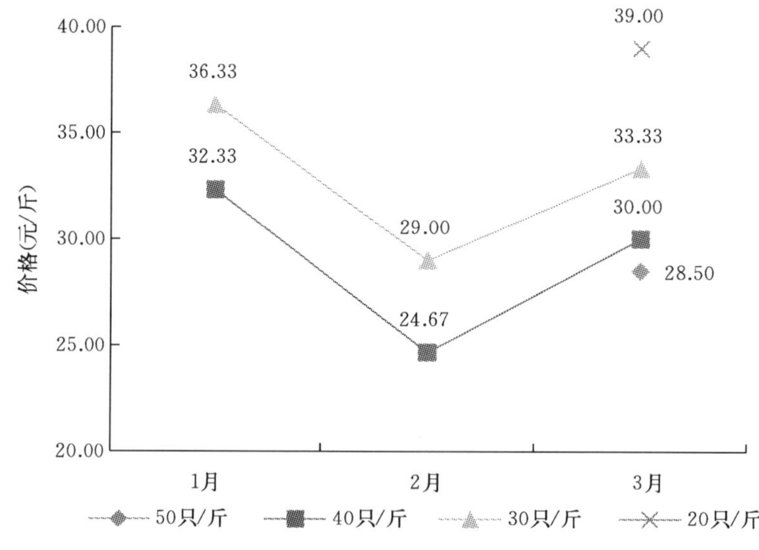

图 3－14　2019 年汕尾高位池塘边价格变动情况

（资料来源：海大农牧公众号 2019 年虾价行情数据）

(4) 福建福州

福州长乐工厂化养殖对虾数据记录比较详细。在 2019 年 1—2 月常规规格对虾价格整体下滑；3—4 月持续上升，5 月开始又呈现下降趋势，6—10 月价格走势平缓。30 只/斤的对虾价格均高于其他规格对虾价格，与 60 只/斤对虾之间的差价最高可达 17 元/斤。福州工厂化养殖 50～60 只/斤规格对虾的均价分别为 24.99 元/斤和 20.65 元/斤，低于市场同期所有规格对虾平均价格。2019 年 4—6 月，价格降幅明显，福州 30～60 只/斤规格对虾价格分别降到 26.75 元/斤、22.50 元/斤、20 元/斤和 16 元/斤，平均降幅达 45%左右（图 3-15）。

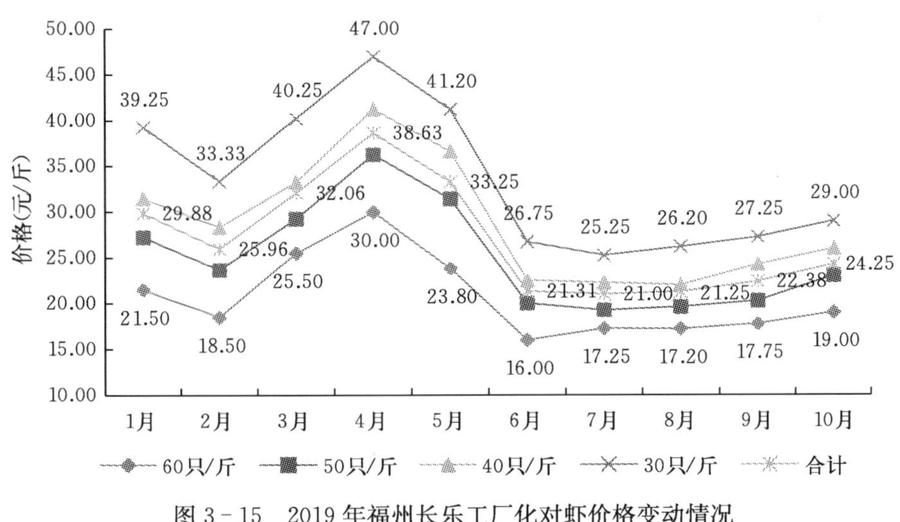

图 3-15　2019 年福州长乐工厂化对虾价格变动情况

（资料来源：海大农牧公众号 2019 年虾价行情数据）

三、水产品批发市场主要养殖虾类价格变动趋势

1. 南美白对虾

本章数据时序较长，从 2008 年延续至 2019 年，来源于多个渠道：一是课题组积累的资料；二是农业农村部全国农产品批发市场价格信息网。此外，如不特别说明，本章的价格是多地批发市场的多种规格产品价格平均后的批发价格；沿用批发市场采集数据的惯例，本章质量单位以千克计量。

南美白对虾养殖规模和产量连续多年占绝对优势，但总体价格低于中国对虾和青虾，2008 年至 2019 年的价格总体变动相对平缓，似一道弧线。但在近 11 年内各年之间价格波动幅度仍然较大。近 11 年内，每年的最高价普遍出现在 2 月或 4 月。2019 年也不例外，最高价出现在 4 月，为 77.42 元/千克；2 月价格也相对较高，为 74.94 元/千克。2014 年 2 月市场均价为 95.25 元/千克，是近 11 年来月平均最高价。而南美白对虾每年的最低价较多出现在 7、8 月，例如 2009 年 8 月价格为 27.93 元/千克，是近 11 年以来的最低月均价；2012 年 8 月价格、2014 年 7 月价格也均为该年最低月均价（图 3－16）。从历年的波动趋势上可以看出每年上半年会出现一次大幅上涨，然后在下半年的 7 月份价格开始回落。而第二年年初价格又开始回暖，年末再回落，从而形成了一个不断往复的周期变化。

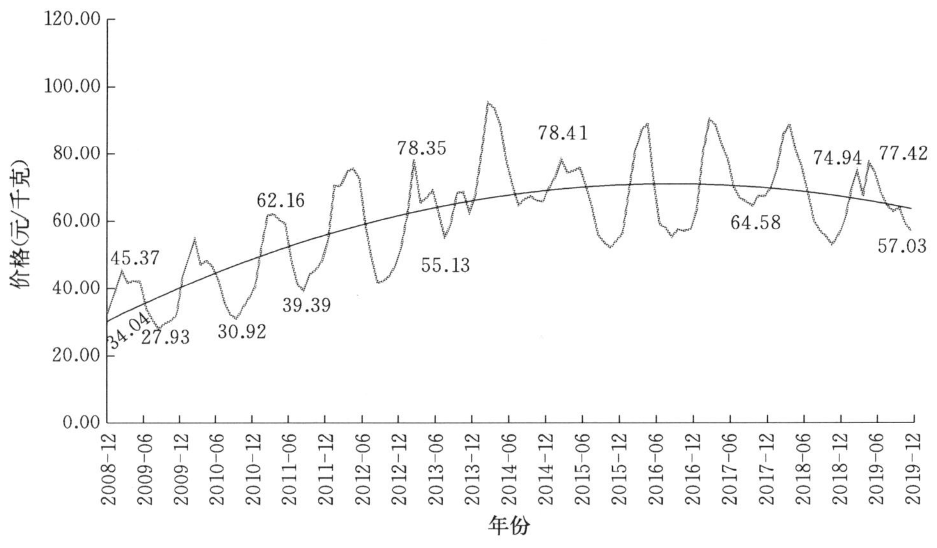

图 3－16　2008—2019 年批发市场南美白对虾价格变动趋势

2. 中国对虾

中国对虾 2008 年 12 月至 2019 年 11 月批发市场价格总体呈上涨趋势，且比南美白对虾价格明显高，除其中个别月份出现价格陡增或陡减情况外。截至 2019 年 8 月份中国对虾的价格从 2008 年的 61.01 元/千克上涨至

130.38 元/千克，上涨幅度较大。从图 3－17 中可知，2011 年至 2013 年中国对虾价格波动较为稳定，并呈现稳步上涨状态。2013 年至 2015 年，中国对虾的价格出现了几次陡增现象，由 61.01 元/千克增长至 97.9 元/千克、由 96.58 元/千克增长至 136.54 元/千克，增长幅度为 60.47%、41.38%。从 2017 年 4 月份至 2018 年，中国对虾批发价格的增长幅度增大，在 2018 年 2 月份出现了近 11 年以来的最高价 170.65 元/千克。2019 年截至 8 月，中国对虾批发市场价格波动幅度较小，但从 9 月开始，出现了急速跌幅，由 130.38 元/千克下跌至 48.2 元/千克（图 3－17），其原因值得关注。

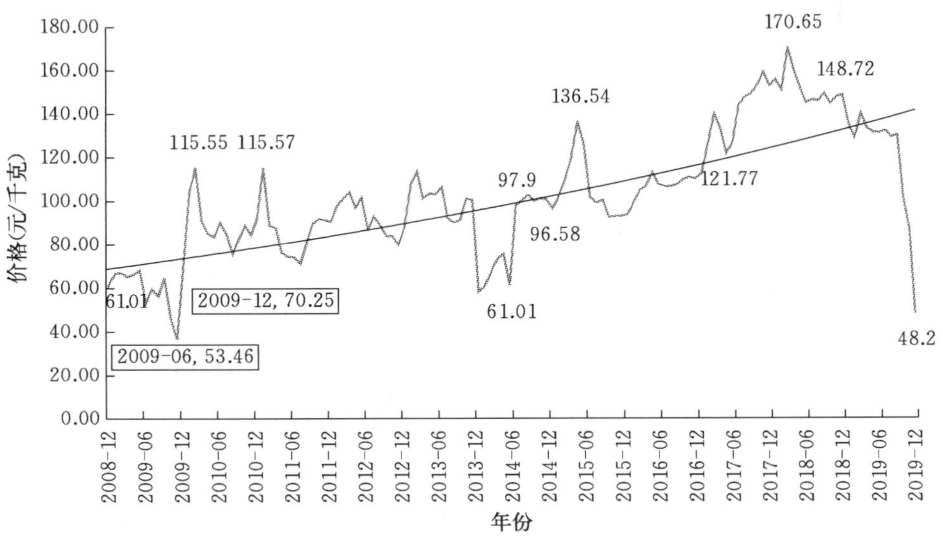

图 3－17　2008—2019 年批发市场中国对虾价格变动趋势

3. 青虾

青虾在 2008 年至 2019 年也呈现出增长趋势，但价格波动频繁且幅度大于中国对虾，并且多次出现价格陡增或陡减现象。2008 年 12 月份青虾价格为 46.27 元/千克，2019 年 11 月份青虾价格为 108.32 元/千克，增长幅度高达 134.10%。在近 11 年中多次出现增长幅度陡增的现象，普遍出现在每年的 6 月至 8 月，如 2014 年 6—8 月从 65.46 元/千克增长至 134.62 元/千克、2015 年 6—8 月从 74.28 元/千克增长至 141.82 元/千克、2016 年 6—8 月从 77.8 元/千克增长至 146.22 元/千克，增长幅度分别为 105.65%、90.93%、87.94%。但在每年的 9 月、10 月左右，青虾价格会再次回落，如 2013 年 10 月、2014 年 10 月、2015 年 10 月、2016 年 9 月下降幅度较大。虽然青虾在近 11 年内总增长率较高，但价格波动极为不稳定，对养殖户的养殖生产决策较为不利（图 3 - 18）。

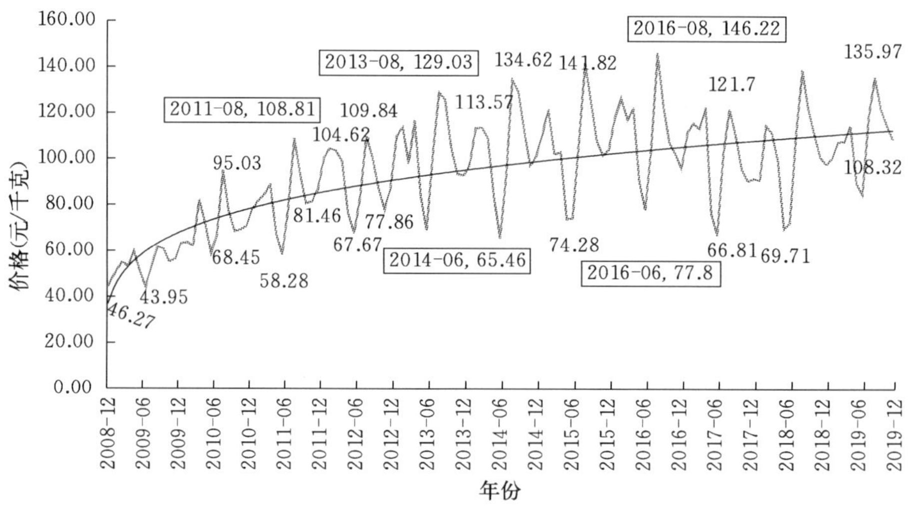

图 3 - 18　2008—2019 年批发市场青虾价格变动趋势

4. 罗氏沼虾

罗氏沼虾的市场价格与南美白对虾的市场价格相差较小，但罗氏沼虾的价格波动幅度大于南美白对虾。在 2014 年至 2015 年出现了大幅增长的趋势，9 个月内增长幅度高达 137.48%。在近 11 年内也呈现总体上浮趋势。2015 年上半年总体价格偏高，2015 年 5 月价格为 111.9 元/千克，该价格为近 11 年来最高价。2019 年最高价也出现在 5 月，为 87.66 元/千克，但下半年价格有所下滑。2019 年价格波动趋势与往年波动趋势基本一致。每年价格最高峰大多出现在上半年的 3—5 月份，在下半年中会出现一次大幅下滑，普遍集中在 8—10 月份（图 3 - 19）。

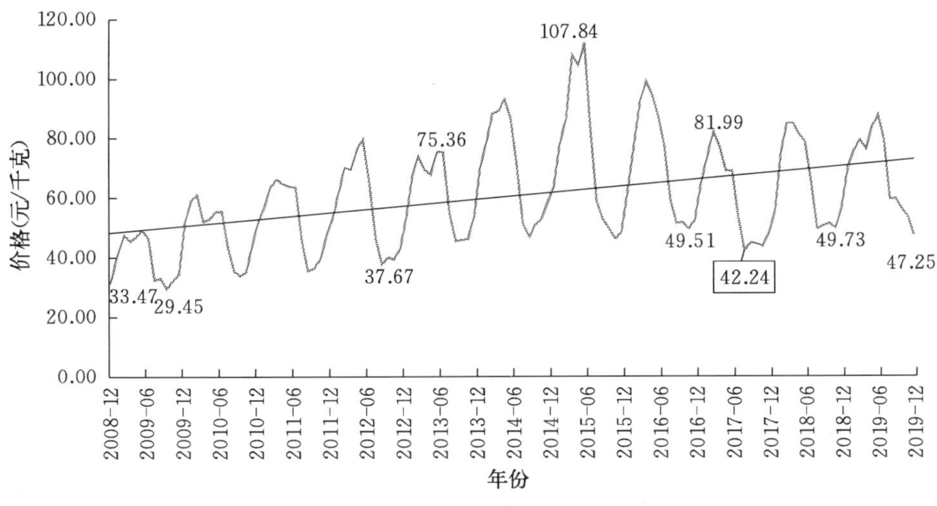

图 3-19　2008—2019 年批发市场罗氏沼虾价格变动趋势

5. 斑节对虾

在水产品市场中，斑节对虾整体价格较高，2008 年至 2019 年最低月均价为 100 元/千克，远高于其他品种对虾价格（图 3-20）。斑节对虾是个有潜力的养殖品种，据报道①，仅 2017 年的“双十一”期间，马来西亚斑节对虾在天猫的销量达到了 35 万只。

斑节对虾批发价格也较高，在近 11 年内有多个月份的价格超过了 200 元/千克，更是在 2014 年 2 月达到了 245.18 元/千克的高价。从图 3-20 中也可看出每年的最高价大多出现在 2 月份，最低价在 7 月份左右，与南美白对虾批发价格波动月份相似。虽然斑节对虾每年年内价格波动幅度较大，但年间的差价较小。例如 2012 年至 2015 年每年最高价的价差在 30 元/千克以内，所以对于养殖户而言更有利于进行生产决策。斑节对虾每年的价格相差也较小，没有明显的增长趋势，这一点不同于其他 4 种规模养殖虾类。

① 参见“中国水产频道”栏目，http://www.sohu.com/a/298309209_120044901。

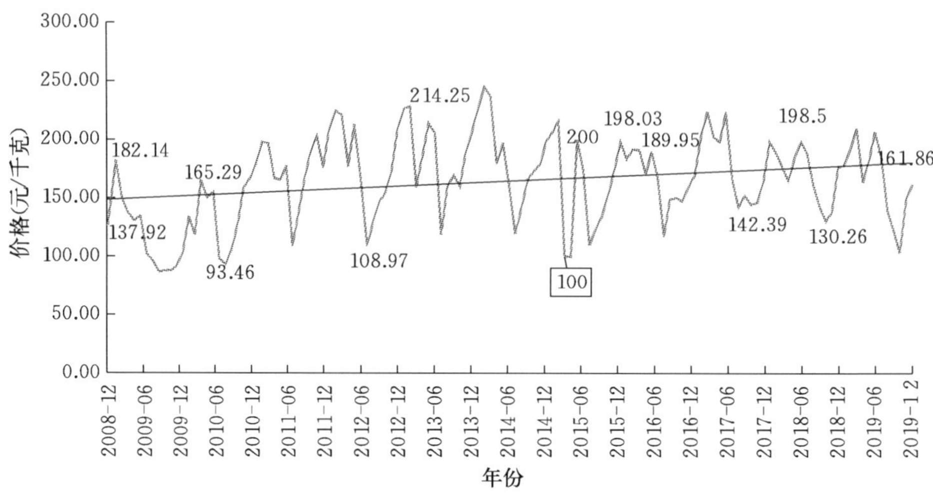

图 3-20　2008—2019 年批发市场斑节对虾价格变动趋势

四、价格变动趋势与预测

1. 价格变动趋势

（1）活虾塘边价呈现“跌—涨—平”三个阶段

2019 年与 2018 年相比，以出塘规格 40 只/斤的养殖活虾塘边价为比较规格，明显呈现“跌—涨—平”三阶段（表 3-5）。

表 3-5　规格 40 只/斤养殖对虾塘边价格 2019 年与 2018 年差额

单位：元/斤

地　区	1月	2月	3月	4月	5月	6月	7月	8月	9月	10月
长三角地区（活水虾）					(0.6)	(1.9)	1.3	2.4	1.5	0.8
其中：上海					0.5	(2.1)	0.5	1.9	3.8	1.3
北方地区（工厂化）							(1.3)	2.3	1.9	(1.0)
北方地区（土塘）							1.8	(0.1)	0.8	
珠三角地区	2.4	(11.6)	(5.4)	7.8	7.2	(0.0)	(1.3)	0.5	(0.9)	(2.6)
广西		(17.0)	(21.0)			0.6	1.7	(1.2)	(3.0)	(1.3)

（续）

地　区	1月	2月	3月	4月	5月	6月	7月	8月	9月	10月
海南	(3.6)	(15.2)	(8.6)	7.5	6.3	2.7	2.7	1.3	1.0	1.3
湛江	(3.1)	(12.0)	(5.1)	8.6	4.9	2.1	4.1	1.0	3.3	1.7
福建	(3.9)	(13.5)	(5.7)	4.1	0.3	(3.4)	(2.1)	(0.7)	3.9	5.4

注：括号内数字表示2019年与2018年差额为负值。

第一阶段是2019年前3个月，2019年价格比2018年同期明显下跌，平均每斤跌8.8元，进口对虾对国内市场的冲击是否是主要原因，需要做进一步的深入分析。

第二阶段是2019年4—5月，明显价格比2018年同期要高，平均每斤涨4.7元，这主要是因为年初的低价影响了当年第一造养殖的规模，从而导致了市场供求关系的变化。

第三阶段是6月以后（包括6月），价格与2018年同期相比呈平稳态势，略有增加，平均涨了0.7元/斤。

（2）活虾塘边价呈现季节性变化

综合2017—2019年数据，前半年的1—5月是养殖对虾塘边价格较高的时间段，最高价出现在4月份，到5月略有下降；6—10月养殖对虾大量上市，是塘口价最低的时间段，具体到地区略有不同。

（3）从塘口至消费者的供应链和价值链分析，养殖户收益分成有限，承担风险最多

以2018—2019年两年数据分析，全国南美白对虾养殖活虾的消费端平均批发价比平均塘边价超出达33.6%，这就意味着主要的收益被中间商获取。而且两年都是同样的情况，2018年超出30.6%，2019年超出37%。考虑到养殖户在场地、种苗、饲料、人工等方面的投入，实际获得的收益比例更低。养殖户承担了病害风险、气候风险以及大部分的价格风险，但在整个产业价值链条上的收益分成与承担的风险严重不匹配。这种情况值得管理部门重视并出台有效的支持措施。

2. 2020 年对虾塘边价格预测分析

(1) 基于加权平均的塘边价格预测

课题组基于从事研究工作以来积累的数据进行了 2020 年塘边收购价的预测分析（表 3－6）。选择的预测品种是 40 只/斤的养殖南美白对虾活水虾，这是养殖对虾中具有代表性的规格。本节利用了 2017—2019 年各地塘边价的周（7 天记录一次）价格数据，经整理加工后进行加权平均预测，采取距离预测年份越近权重赋值越高的思路，由于年度之间数据有部分缺失情况，采取调整权重的办法处理；缺失数据较多的地区和月份放弃预测。

表 3－6　2020 年 40 只/斤规格对虾塘边价格预测情况

单位：元/斤

地　区	1月	2月	3月	4月	5月	6月	7月	8月	9月	10月
长三角地区（活水虾）					32.0	22.9	21.4	21.6	20.8	22.0
其中：上海					33.5	24.5	21.9	21.8	20.6	22.8
北方地区（工厂化）						24.4	18.3	18.5	19.5	17.7
北方地区（外塘）					32.0	20.9	19.5	18.4	18.1	19.4
珠三角地区	34.9	30.4	34.6	37.6	36.4	23.2	20.7	21.4	23.2	22.4
广西		29.0	32.5	33.7	33.0	22.8	21.5	22.8	24.1	25.1
海南	25.6	22.4	25.9	26.9	25.9	19.9	18.6	18.4	19.4	20.2
湛江	28.5	27.2	28.6	33.1	31.3	23.2	22.6	22.0	22.9	23.7
福建	31.2	30.7	34.1	37.4	34.6	23.6	22.2	21.4	20.9	21.9

(2) 基于灰色系统分析的预测

灰色预测法是一种预测灰色系统的预测方法。灰色预测通过鉴别系统因素之间发展趋势的相异程度，即进行关联分析，并对原始数据进行生成处理来寻找系统变动的规律，生成有较强规律性的数据序列，然后建立相应的微分方程模型，从而预测事物未来发展趋势。GM（1，1）模型的预测原理是：对某一数据序列用累加的方式生成一组趋势明显的新数据序列，按照新的数据序列的增长趋势建立模型进行预测，然后再用累减的方法进行逆向计算，恢复原始数据序列，进而得到预测结果。

由于灰色系统预测质量与数据序列长度有关，而课题组积累的年度数据单薄。因此，本节折中利用2012—2019年江苏地区40只/斤对虾7月均价开展预测，作为一次尝试。要想得出高质量预测指标需多年积累合乎要求的数据，加以多种方法验证方可。

建立原始数据序列得

$$x^{(0)}=(x^{(0)}(1),\ x^{(0)}(2),\ \cdots,\ x^{(0)}(n))$$

求出级比得

$$\lambda(k)=\frac{x^{(0)}(k-1)}{x^{(0)}(k)},\ \lambda=(\lambda(2),\ \lambda(3),\ \cdots,\ \lambda(n))$$

当所有的$\lambda(k)\in\theta(\mathrm{e}^{\frac{2}{n+1}},\ \mathrm{e}^{\frac{2}{n+2}})$，则数列$x^{(0)}$可以作为满意的模型GM(1，1)的数据进行灰色预测。

GM(1，1)建模得

对原始数据$x^{(0)}$做一次累加，即

$$\begin{aligned}x^{(1)}&=(x^{(1)}(1),\ x^{(1)}(2),\ \cdots,\ x^{(1)}(n))\\&=(x^{(1)}(1),\ x^{(1)}(1)+x^{(0)}(2),\ \cdots,\ x^{(1)}(n-1)+x^{(0)}(n))\end{aligned}$$

其中，$x^{(1)}(k)=\sum_{i=1}^{k}x^{(0)}(i)\quad(k=1,\ 2,\ \cdots,\ n)$。

构造数据矩阵$\boldsymbol{B}$及数据向量$\boldsymbol{Y}$得

$$\boldsymbol{B}=\begin{pmatrix}-\frac{1}{2}(x^{(1)}(1)+x^{(1)}(2)) & 1\\ -\frac{1}{2}(x^{(1)}(2)+x^{(1)}(3)) & 1\\ \vdots & \vdots\\ -\frac{1}{2}(x^{(1)}(n-1)+x^{(1)}(n)) & 1\end{pmatrix},\ \boldsymbol{Y}=\begin{pmatrix}x^{(0)}(2)\\ x^{(0)}(3)\\ \vdots\\ x^{(0)}(n)\end{pmatrix}$$

计算$\hat{\boldsymbol{u}}=(a,\ b)^{\mathrm{T}}=(\boldsymbol{B}^{\mathrm{T}}\boldsymbol{B})^{-1}\boldsymbol{B}^{\mathrm{T}}\boldsymbol{Y}$，求出$a$、$b$的值。

建立模型得

$$\frac{\mathrm{d}x^{(1)}(t)}{\mathrm{d}t}+ax^{(1)}(t)=b$$

求解该微分方程，可得

$$\hat{x}^{(1)}(k+1)=\left(x^{(0)}(1)-\frac{b}{a}\right)\mathrm{e}^{-ak}+\frac{b}{a}$$

其中，$\hat{x}^{(1)}(k+1)$为模型预测值。

输出 Matlab 软件预测结果为：

相对残差 Q 检验：$Q=0.0512$；方差比 C 检验：$C=0.8094$；小误差概率 P 检验：$P=0.6250$。

预测数据为：

G=列 1 至 9：20.000 0，22.745 9，22.207 5，21.681 8，21.168 6，20.667 6，20.178 4，19.700 8，19.234 4。

G=列 10 至 16：18.779 2，18.334 7，17.900 7，17.477 0，17.063 3，16.659 4，16.265 1。

预测得出江苏地区对虾（40 只/斤）2020—2027 年 7 月均价分别为：19.23 元/斤（2020 年）、18.78 元/斤（2021 年）、18.33 元/斤（2022 年）、17.9 元/斤（2023 年）、17.48 元/斤（2024 年）、17.06 元/斤（2025 年）、16.66 元/斤（2026 年）、16.27 元/斤（2027 年），在 2020 年之后一路走低（图 3－21）。

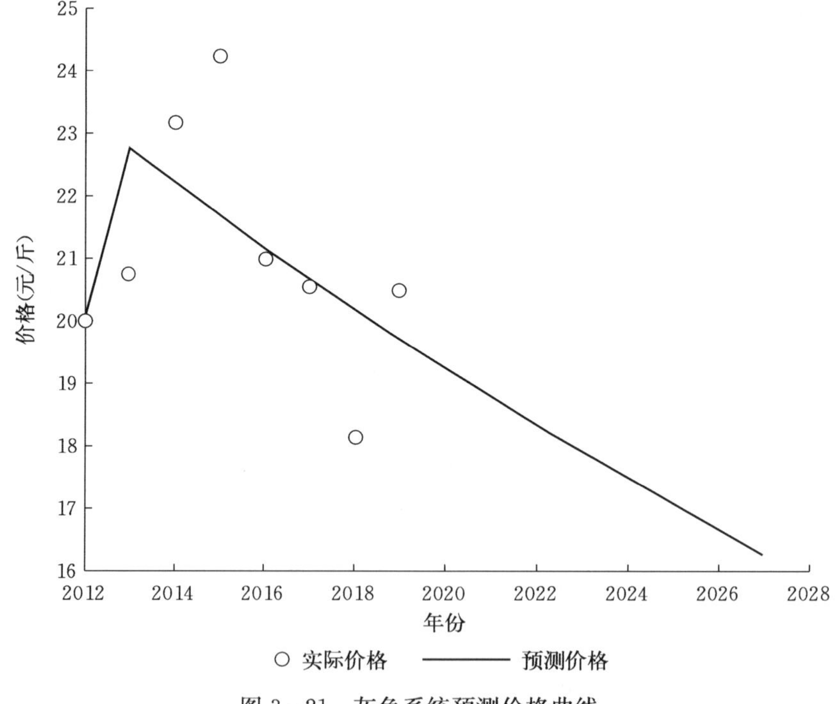

图 3－21　灰色系统预测价格曲线

第四篇 DISIPIAN

走向世界

一、全球和主要生产国对虾生产规模

1. 全球水产品贸易增长趋势

自2016年水产品全球贸易市场有所回暖之后，2017年进一步缓慢增长，2018年贸易额达到1 600亿美元，贸易量达7 882万吨，较上年分别增长了7%和29.8%。尽管有美元升值的因素，但全球水产品产量3.5%的增长为需求的增长提供了基本的支撑（2018年全球产量为2.05亿吨），其中养殖产品增长了4%；2018年全球水产品消费持续增长，人均消费量增加了1.1%，达到20.7千克，其中养殖产品消费量增长了2.9%，达到11.4千克。在2018年拉动了绝大多数水产品的价格上涨；环境因素对某些重要的水产品供给会产生负面影响，并导致国际贸易价格的上升。根据FAO市场分析报告，近十年水产品国际市场价格总体上保持稳定的增长，只是养殖产品的涨幅波动较大（后文要提到，虾类价格近两年呈现下跌趋势）；然而，2014—2018年全球水产品贸易量并没有大的增长，稳定在6 000万吨，说明在主要的生产国其国内市场越来越受到重视，尤其在发展中国家。有3个重要因素导致了这些国家国内市场消费的增加，一是收入提高带来的人们对蛋白类食物支出的增加；二是政府的政策，包括一些把本国捕捞产品留在国内市场的政策；三是国际市场虾类价格的低迷。譬如，秘鲁和尼日利亚为了保护其沿海传统渔民的捕捞对象——鳀资源，发布并实施了进口配额制度，旨在保护国内产业和市场。2018年水产品贸易量有了较为明显的增长，中国水产品进口的较大幅度增长可能是原因之一，同时其他东南亚国家进口的增长也带动了贸易量的增长。对虾作为水产品国际贸易中最活跃的品种，在水产品国际贸易中具有风向标的作用。

2. 全球对虾生产规模

全球对虾生产规模近年来每年都以个位数的增长率增长，根据FAO数据库数据，2017年已超过910万吨（图4-1），其中500多万吨是养殖产品（图4-2），占了总产量的60%。根据全球养殖联盟提供的数据，2018年全球对虾养殖产量近400万吨，其中接近80%是南美白对虾。对虾养殖主要集中在亚洲和美洲，包括亚洲的中国、越南、印度尼西亚、印度，2017年

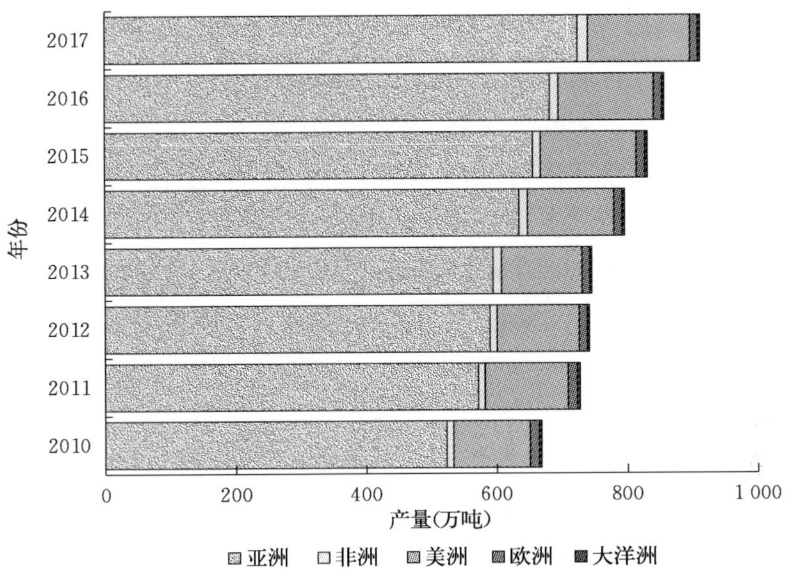

图 4－1　全球各大洲对虾生产规模变动趋势

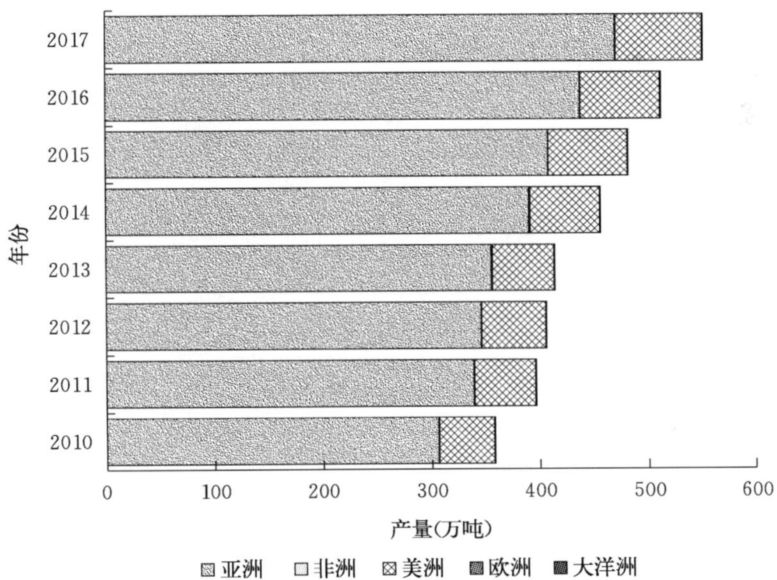

图 4－2　全球各大洲对虾养殖产量变动趋势

孟加拉国和菲律宾产量均超过了泰国，2018 年亚洲养殖产量接近 340 万吨（图 4－2）。对虾捕捞主要集中在南美洲的厄瓜多尔和阿根廷，美国每年也有十几万吨的捕捞产量。

3. 对虾主要生产国养殖规模

在对虾养殖主产国中，中国多年来一直位居产量榜首，近年来越南养殖规模逐年增加，位居第二。2018 年越南的产量增加了，但印度和印度尼西亚下降了，低价格因素也影响了泰国。厄瓜多尔的产量增加了，达到近 50 万吨（图 4－3）。与 2017 年相比，2018 年墨西哥的产量增至 16.5 万吨，增长 3.8%。越南、厄瓜多尔、缅甸和其他小规模生产国增加的产量，较好地补偿了印度、印度尼西亚和泰国降低的产量。与 2017 年相比，泰国农民养殖南美白对虾的规模减少，越南、印度尼西亚和马来西亚的农民也转向了黑虎虾养殖。据《亚太水产文化》杂志报道，2018 年，黑虎虾在全球养殖虾产量中占 12%～15%的份额，这得益于相对稳定的较高的价格（与南美白对虾相比）。

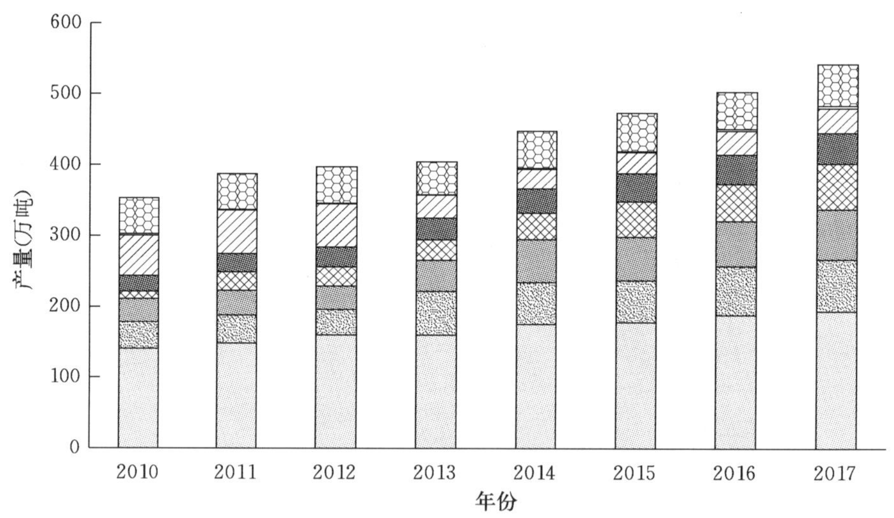

图 4－3 主要对虾生产国养殖产量变动趋势

根据全球水产养殖联盟所做的调查，2018 年制约对虾养殖的最大问题仍是病害，尽管 2018 年形势较 2017 年有所缓解。2017 年无特定病原

(specific pathogen free，简称 SPF）种源和优质种苗排在第二位，在 2018 年这两个问题已经不是所面临的第二大问题了，取而代之的是国际市场价格的波动以及由饲料价格升高导致的成本上涨。在亚洲国家，养殖病害的威胁更加明显，抗生素等违禁药品的使用则排在国际市场价格和养殖成本之前，居于第二位，也就是说，抗生素的使用是亚洲国家对虾养殖需要高度关注的问题。

二、全球对虾出口规模和结构

1. 对虾出口规模

近年来世界市场对虾出口规模稳步增长。2018 年，全球对虾出口规模约为 249 万吨，较 2017 年略有下降（降幅 0.18%）。对虾出口前五位的国家是印度、厄瓜多尔、越南、中国和印度尼西亚，泰国位于第六位。前五大出口国的出口量都有所增长，但在 2018 年增长放缓。除厄瓜多尔外，所有国家的出口收入都下降了，原因是同一时期价格普遍下降。为了获得更好的经济回报，亚洲有能力的出口商针对发达国家市场出口了更多的加工虾产品。

2018 年，印度出口 62 万吨，比 2017 年增长 7.2%；越南正关出口 35 万吨，较 2017 年增长了近 1 倍（如果考虑越南仍有部分对虾走私入中国，越南的实际出口量还要更多）。与 2017 年相比，越南对中国的官方出口增长 300%，2018 年达到 1.4 万吨。厄瓜多尔出口 51 万吨，增长 15.7%；印度尼西亚出口近 20 万吨，增长 9.5%；中国出口 21.7 万吨，在中美贸易战的背景下仍增长 0.8%；泰国出口约 19 万吨，增幅较大，增长 24.3%（图 4－4）；2019 年 1—8 月全球对虾出口比上年同期大幅下降。

与此同时，2018 年出口额约为 190 亿美元，较 2017 年下降 20%。各国出口额较 2017 年均有不同程度的变化，印度为 47 亿美元（下降 5%），厄瓜多尔为 32.7 亿美元（增长 6.9%），中国为 24.2 亿美元（增长 5.7%，较 2017 年增速有所放缓），泰国为 18.4 亿美元（下降 11.5%），印度尼西亚为 17.4 亿美元（下降 0.2%）。

尽管对虾出口的主要市场是美国、日本和欧盟，但不同国家的目标市场

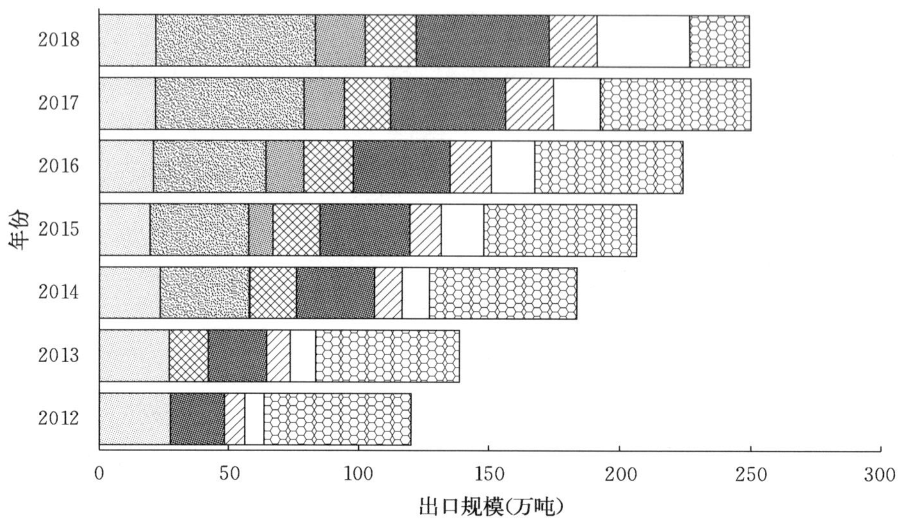

图 4-4 主要出口国家出口规模变动趋势

也不完全不同。

印度的主要出口市场是美国、越南、欧盟和日本，2018 年对越南出口下降 15%，对欧盟 28 国出口下降 13%。2018 年，对中国出口以 300%的增长（4.6 万吨）超过日本，中国成为印度对虾出口第四大市场。2018 年，印度加工虾的出口比 2017 年增长了 18%，达到 2.2 万吨。

越南的主要出口市场是中国、美国、欧盟、日本、韩国、澳大利亚，2018 年越南对欧盟 28 国出口增长 13.7%、对美国出口增长 4.6%，对澳大利亚出口下降 4.0%、对日本出口下降 5.5%，2018 年越南对中国的官方出口增长了 300%，达到 1.4 万吨，但与 2018 年原材料进口高企和国内产量增加相比，这一数字很小。

厄瓜多尔在 2018 年 61%的出口转向亚洲市场，但对其头号市场越南的出口下降了 10%，下降至 20.2 万吨。然而，2018 年对中国的直接出口增长了 512%，达到 9.8 万吨，而 2017 年仅为 1.6 万吨。厄瓜多尔对其第二大市场——欧盟 28 国的出口也有所增加，增长 7.8%至 10.4 万吨。

泰国则以美国、越南、日本、中国和欧盟为主要出口市场；中国主要的出口市场是美国、日本和欧盟（以西班牙为主）。2018 年中国对美国出口增长了 7.5%，超过 5 万吨，对日本出口下降了 16.5%，至 2.7 万吨。

2. 对虾出口结构

在对虾出口总量中，以冷冻对虾为主，冷冻对虾占出口总量的 80%以上；出口总量中大约 16%是高附加值的加工产品，包括煮熟的去壳虾、天妇罗原料虾、寿司虾以及其他加工对虾产品。带壳的冷冻原条虾和虾仁出口大多是为了满足超市和进口国国内天妇罗加工商的需求；鲜冷对虾的出口量很少。近年来加工产品的比例在不断增加，但冷冻对虾的出口仍是增加得最快的。

泰国对虾出口以鲜活对虾和部分加工产品为主，鲜活对虾所占比重不大；印度和厄瓜多尔对虾出口以冷冻对虾为主，2014 年印度后来居上，之后一路增长，超过了厄瓜多尔，2018 年达到 58 万吨；中国对虾出口以加工产品为主，进料加工多年来都是中国的优势，越南加工对虾的出口近年来呈现增长之势。

3. 对虾出口价格①

不同国家对虾出口价格表现差异较大。中国鲜冷对虾出口价格自 2016 年开始高于印度、印度尼西亚和泰国，印度尼西亚的价格一直是最低的，印度的价格则较为稳定（图 4-5）；印度、印度尼西亚冷冻虾出口价格在 2014 年之前曾一度高于中国，但在 2015 年以后这些国家的出口价格开始呈现下降趋势，而中国的出口价格较为稳定，2017 年在这些国家中是最高的，厄瓜多尔和阿根廷的出口价格一直较低（图 4-6）。在 2015 年之前，泰国加工产品的出口价格最高，但之后其出口价格开始下降，越南超过了泰国，中国的出口价格虽然不是最高的，但却较为稳定，印度尼西亚的价格自 2015 年开始下滑，2016 年之后又有一个上升的过程（图 4-7）。

从图中可以看出，中国在冷冻对虾的出口上具有一定的价格优势，在加工产品上与其他东南亚国家相比价格优势不明显，越南是加工产品最具有价格优势的国家。

---

① 出口价格均为 FOB 价格（离岸价）。

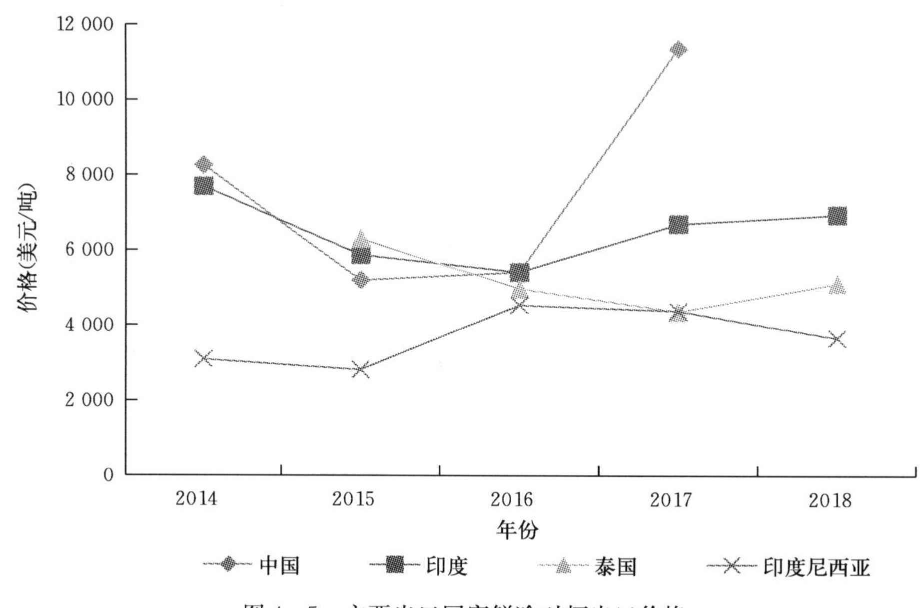

图 4－5　主要出口国家鲜冷对虾出口价格

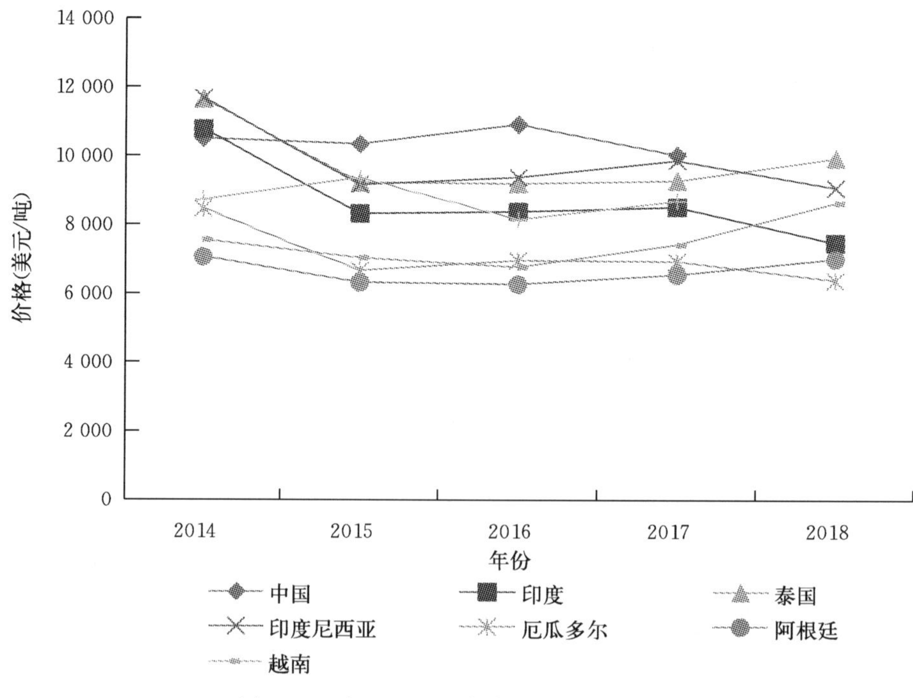

图 4－6　主要出口国家冷冻对虾出口价格

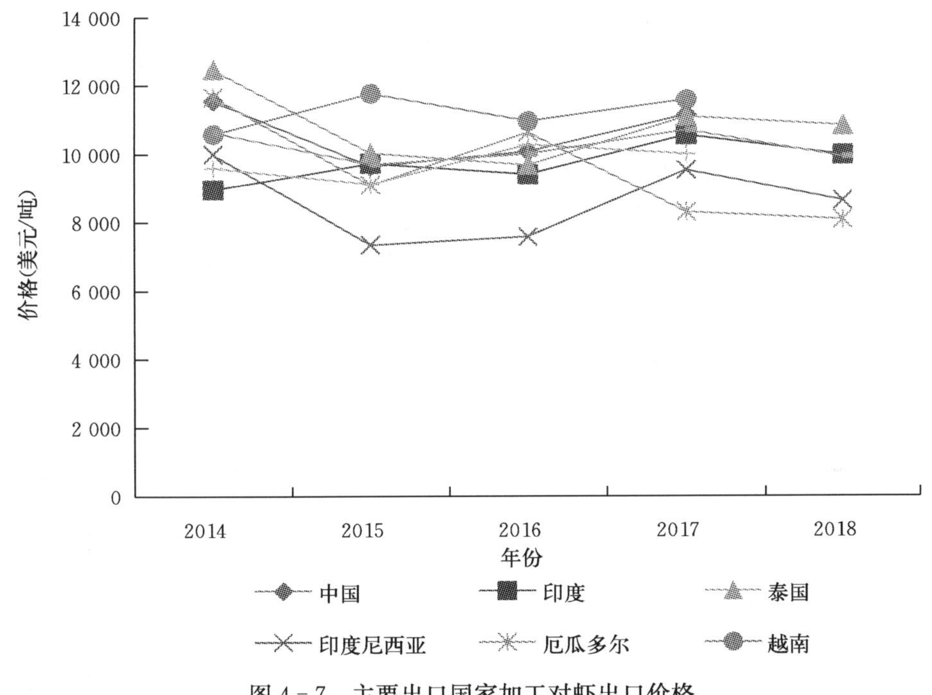

图 4-7　主要出口国家加工对虾出口价格

对虾出口价格的季节性变化不明显，总体上较为稳定，但不同出口国由于生产方式、季节差异和出口产品形态差异等原因，在出口价格上又表现出不同的特点。根据FAO统计数据库提供的数据，印度的出口价格通常在七八月份略有上升，2017—2019年环比价格整体上呈现下降趋势。厄瓜多尔、越南和印度尼西亚的出口价格在一年中的波动都不大，2017—2019年环比价格也均呈现下降的趋势，但厄瓜多尔的平均价格低于印度，越南的平均价格比厄瓜多尔还低，印度尼西亚的平均价格是所有国家中最低的。阿根廷出口价格在一年中的波动不大，2017—2018年环比价格呈现上升的趋势，2019年与2018年基本持平，平均价格高于中国和印度尼西亚。泰国出口价格不仅一年中的波动不大，年际变化也不明显，是价格最为稳定的国家，平均价格与印度尼西亚接近。

中国出口价格一年中的波动较频繁，四五月份和十月份一般会有一个低谷出现，年底的价格一般会有所上扬。2017—2019年环比价格基本保持稳定，平均价格略高于印度尼西亚。

4. 中国对虾出口趋势

在全球经济恢复缓慢和贸易保护主义抬头的背景下，作为主要出口国之一，中国对虾出口经历了增长趋势放缓到负增长的过程，出口规模在 20 万吨上下波动。美国是中国对虾出口的最大市场，针对中美贸易形势，中国虾类出口企业近年来在市场多元化开拓方面不断努力，除了美国、日本、欧盟和韩国四大传统出口市场，在北美洲、大洋洲和东盟均开拓了新的市场，如加拿大、墨西哥、澳大利亚、马来西亚、新加坡等，对这些新市场的出口少则 6 000～7 000 吨，多则达到 1 万吨以上；然而受全球经济不景气影响，2018 年继连续的增长之后增长趋势放缓，从图 4－8 可以看出，不仅对美国的出口增长较前几年放缓，对日本、韩国和中国香港的出口也均出现了负增长。2019 年的中美贸易战，更使中国对虾出口雪上加霜，对所有出口市场的出口全线下降，平均降幅为 4.4%，对美国的出口更是大幅度下降，降幅达到 10.4%。

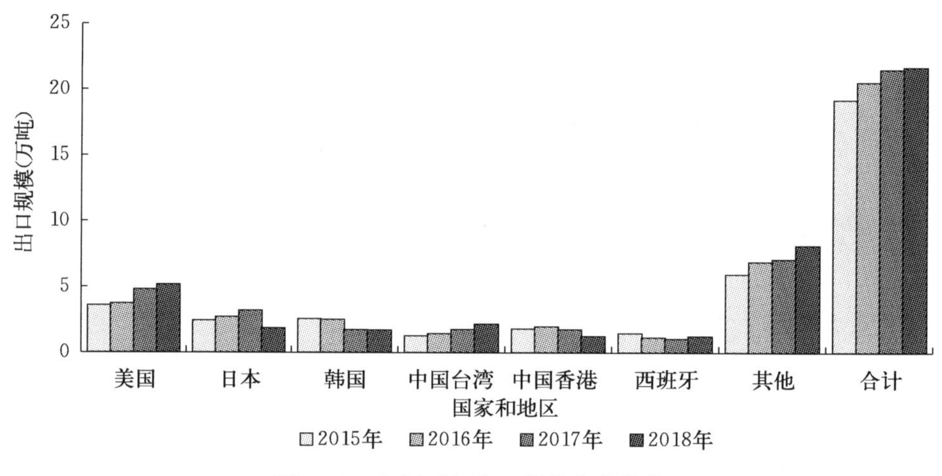

图 4－8　中国对虾出口规模变化趋势

三、全球对虾进口趋势和主要进口市场

1. 全球对虾进口趋势

全球对虾进口规模保持波动性增长。2018 年，全球虾类进口总量虽然

较 2017 年略有下降，但仍然保持了 278 万吨的规模，排名前七的市场进口了 240 多万吨虾，比 2017 年增长约 11.9%。这主要归因于亚洲强劲的市场需求，尤其是中国。在传统市场中，美国和欧盟 28 国的进口略有增加，但日本和澳大利亚的进口有所下降。排在前五位的市场分别是欧盟、美国、越南、中国和日本（图 4－9）。

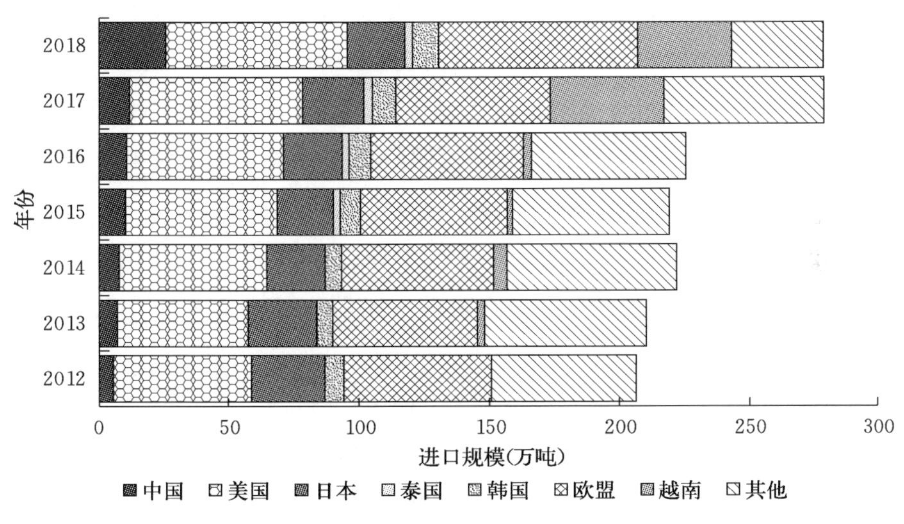

图 4－9　主要进口国家和地区对虾进口规模变动趋势

2. 主要进口市场及其进口规模

美国是全球最大的单一国别对虾进口市场，由于虾是美国消费者最喜爱的水产品，美国对虾进口规模呈现缓慢的增长趋势。但在 2018 年初，美国对虾市场延续了 2017 年供过于求的态势，导致 4 月份国际贸易价格暴跌。然而，到 2018 年中，美国批发价格趋于稳定，进口价格下降惠及最终消费者。2018 年，美国进口同比增长 5.1%，为 69.8 万吨，但由于进口价格创历史新低，美国买家在 2018 年支付的金额有所下降（2018 年为 62 亿美元，2017 年为 65 亿美元）。印度在供给方面占有 36%的市场份额，其次是印度尼西亚、厄瓜多尔、越南、中国和泰国，分别占有 19%、11%、8%、7%和 7%的市场份额。加工虾产品进口共 16 万吨，主要由中国、越南、泰国和印度尼西亚供应。2018 年美国人均虾的消费量达到历史新高，为 2 千克。

欧盟 28 国仍是全球最大的虾类进口地区，但近年来需求没有太大改善。

2018年，虾类进口总量达到81.77万吨，较2017年增长2.4%，其中西班牙、法国和英国进口量与2017年相比有所下降，西班牙下降2.4%、法国下降1%，英国下降1.1%；意大利进口较2017年增长了12%，达到7.8万吨，为2018年欧盟进口的总体增长做出了贡献。2018年，欧盟28国以外的进口首次超过60万吨，由厄瓜多尔、阿根廷、越南、印度和格陵兰岛地区产生。此外，来自印度、孟加拉国和印度尼西亚的冷冻虾进口有所下降，深加工虾进口则增加5.4%，增至11.32万吨，其中越南是主要供给国。

日本对虾进口近年来呈现下降趋势。2018年，日本对虾的需求依然低迷。这一趋势证实，日本消费者对虾的偏好正在减弱，尤其是年轻一代，他们更喜欢牛肉、猪肉、鸡肉和三文鱼，而不是虾。近十年来，对生对虾和无头虾的需求呈下降趋势。2018年，冷冻生虾进口量从2010年的21万吨下降至15.5万吨。单位食堂用户和餐馆对半加工虾仁的需求有所改善，加工虾的需求同比持续增长，2018年进口同比增长3%，达到6.7万吨。泰国、越南、印度尼西亚和中国是日本加工虾的主要供给国。

养殖对虾的供给增加和价格疲软支撑了亚洲地区进口市场对虾需求的增长，较低的出口价格也将供给转移到许多生产国的国内市场。2018年，中国成为亚洲最大的对虾进口国。2017年12月，中国将对虾的进口关税税率从5%下调至2%。随即全球生产商增加了对中国的直接出口。根据中国海关的数据，2018年对虾进口量比2017年翻了一番，达到26.5万吨，增长了117%。厄瓜多尔、印度和阿根廷是主要的供给国，其中，厄瓜多尔增加了410%至7.7万吨、印度增加了226%至3.6万吨，阿根廷增加了38%至3.8万吨；来自泰国、印度尼西亚和马来西亚的进口也出现了2至3位数的增长。自越南的官方进口从2017年的0.3万吨增加到2018年的1.3万吨。中国对越南非法边境贸易的高度监控，使未报告的对虾进口从2017年的30万吨降至2018年的20万吨。考虑到这一数量，2018年中国对虾进口可能达到50万吨，使中国成为世界第三大对虾进口国，仅次于欧盟28国和美国。2019年中国对虾进口突破70万吨，已成为世界第一大对虾进口市场。

越南由于大部分进口都用于再出口，所以进口规模易受其他国家政策影响，波动很大。越南2018年的进口量下降18%，至36万吨，其中从厄瓜多尔进口下降5.5%至18.9万吨，印度下降9.3%至13万吨，其他来源的供给量也有所减少。

韩国进口规模近年来增长趋势较为明显。2018年，韩国虾类市场持续走强。与2017年相比，进口增长9%，其中56%是半成品和加工产品，主要由越南、厄瓜多尔、泰国和中国供给。2018年从韩国到中国的对虾出口突然增加，从2017年的200吨增加到2018年的800吨，据业内人士透露，很有可能是韩国对来自越南的进口对虾的再出口。

3. 不同形态产品的进口市场

根据全球水产养殖联盟（GAA）2018年的调查，国际市场带头虾的进口规模在逐年增加，去头虾的进口规模在逐年减少，去壳和煮熟虾的进口规模则相对稳定，面包虾等产品的进口规模也相对稳定或者略有增长，但在不同区域又存在一定的差异性（表4-1）。

表4-1　2018年不同形态对虾产品的进口趋势

产品形态	亚洲市场	美洲市场	世界市场
带头原条	△	△	△
去头原条	□/▼	□/▼	▼
去壳	□	□/△	□
煮熟	□	□/△	□
面包虾	□/△	▼	□/△
其他	△	△	△

注：△表示增加，▼表示减少，□表示稳定。

资料来源：全球水产养殖联盟调查报告。

韩国曾一度是鲜冷对虾最大的进口市场，2017年被越南取代。2018年越南进口量为2万多吨；其次是中国和泰国，2017年进口量分别为1.3万吨和5 000多吨（图4-10）。

冷冻对虾最大的进口市场一直是美国，2018年被欧盟超越，2018年美国进口量为53万多吨，欧盟超过58万吨，日本冷冻对虾的进口量呈现减少的趋势，2018年进口量为15万吨；另外，中国、泰国也进口部分冷冻对虾（图4-11）。

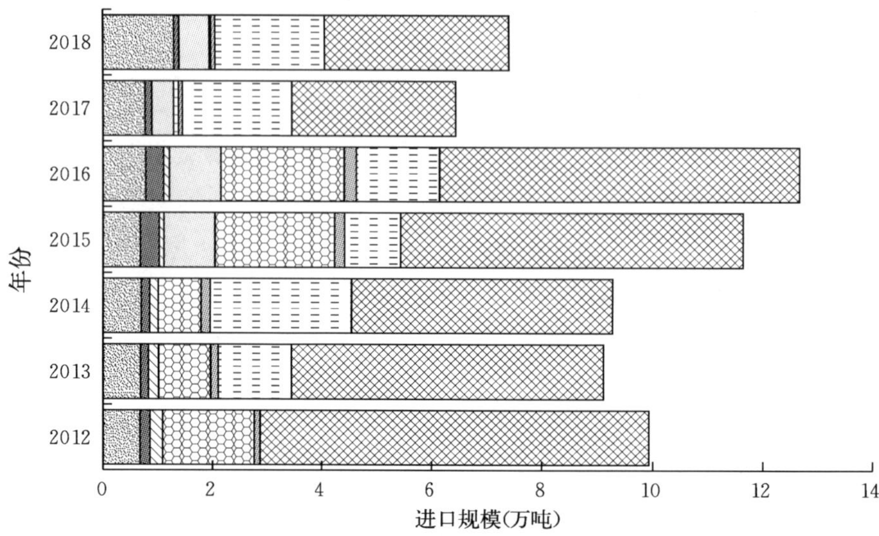

图 4-10 主要进口国家和地区鲜冷对虾进口规模变化趋势

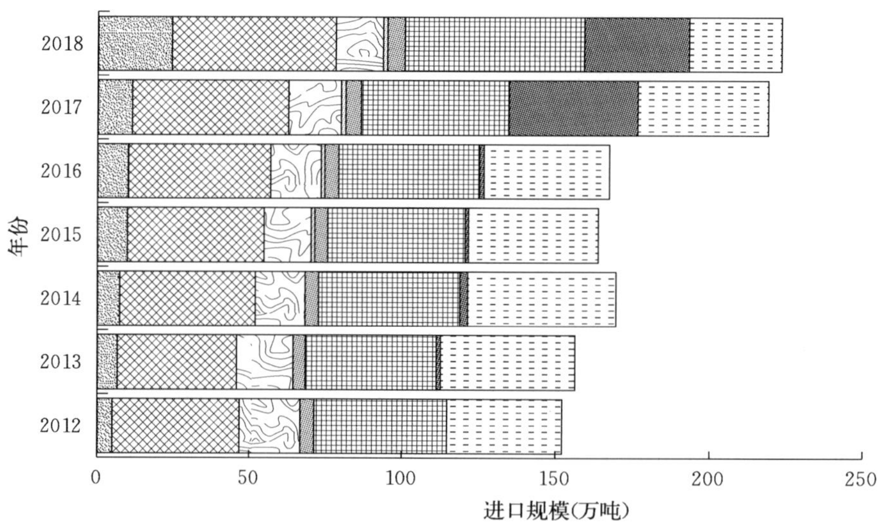

图 4-11 主要进口国家和地区冷冻对虾进口规模变化趋势

加工对虾最大的进口市场曾经是美国，2018 年欧盟迎头赶上，进口量近 18 万吨，美国为 16 万吨；其次是日本和韩国，2018 年进口量分别为 6.7

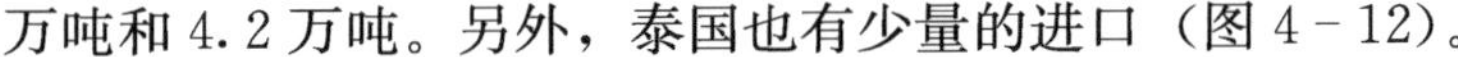

万吨和 4.2 万吨。另外，泰国也有少量的进口（图 4 - 12）。

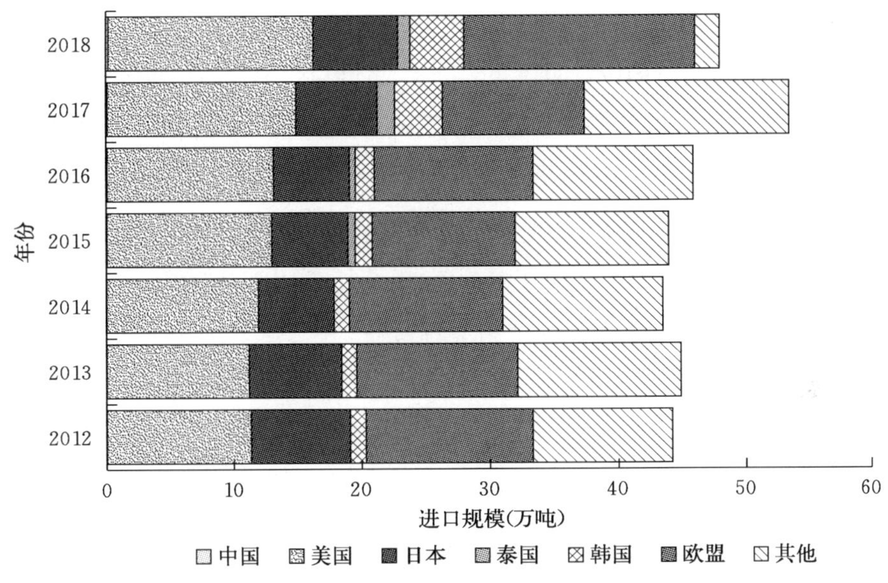

图 4 - 12　主要进口国家和地区加工对虾进口规模变化趋势

4. 主要进口市场价格[①]

国际市场虾价在 2014 年至 2017 年保持高价，在 2017 年末开始走低。由于最大出口国印度和最大单一市场美国之间的价格战，2018 年 4 月价格暴跌。2018 年 8—12 月，价格趋于稳定。在美国，2018 年平均进口价格下降了 9%，为每千克 8.95 美元，而 2017 年为每千克 9.83 美元。印度对虾的平均出口价格下降了 12%，2018 年为每千克 7.58 美元（2017 年为每千克 8.65 美元）。与往年不同的是，在 2018 年 12 月至 2019 年 3 月的低产季节，出口价格没有上涨。2019 年美国新开库存很高，2019 年 1 月进口下降 12%，阻止了国际市场价格的上涨。与 2017 年相比，美国批发价格较低且稳定，这鼓励了零售和餐馆层面的促销活动，从而导致消费增加，并减少市场库存。

在厄瓜多尔的季节性供给改善之前，欧盟 28 国的进口仍处于低位。同

① 进口价格中，美国为 CV 价，其他国家为 CIF 价（成本加保险费加运费）。

样，2019 年日本市场也没有出现真正的复苏。2019 年 1 月的进口已经低于上年。2019 年 1 月至 2 月，中国进口超过所有记录，达到 10.4 万吨，比 2018 年同期增长约 337%。这给虾农们带来了一些希望。

在主要的进口市场中，日本的冷冻产品进口价格最高，都在 10～12 美元/千克，且近几年价格较为平稳；其次是美国和欧盟，但美国 2018 年价格明显低于 2017 年；中国、泰国、越南的进口价格较低，亚洲国家进口冷冻对虾的目的主要是加工后出口，往往进口较为便宜的原料虾。加工对虾的进口价格一直是日本最高，维持在每千克 10～12 美元，美国和欧盟其次，韩国和泰国的进口价格最低，中国的价格很不稳定，这与进口产品品种的变化有关（图 4－13、图 4－14）。

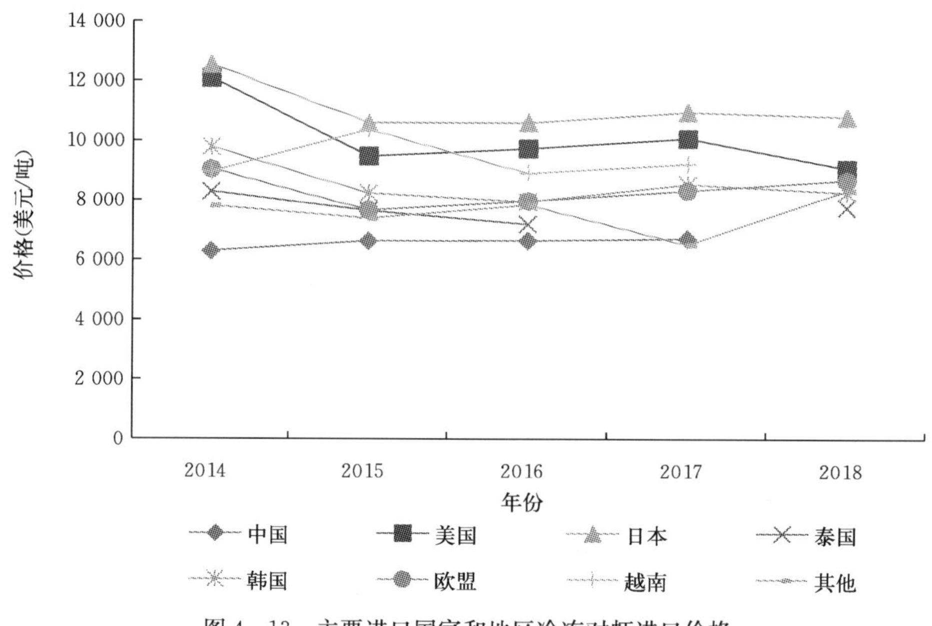

图 4－13　主要进口国家和地区冷冻对虾进口价格

具体到不同进口市场，情况略有不同。根据 FAO 市场分析报告，美国市场 2017 年进口价格较前一年度有所回升，但之后一路下跌，到了 2019 年 6 月已经跌至 8 美元左右，而且并无回暖迹象。日本市场价格，一年之中的每个季节变化不大，2017—2019 年总体上较为平稳，保持在 11 美元/千克

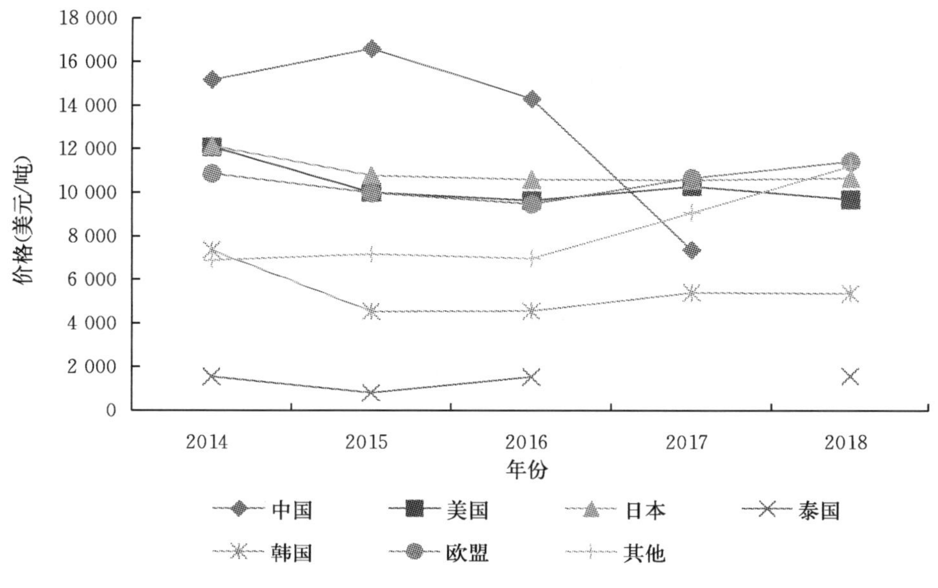

图 4－14　主要进口国家和地区加工对虾进口价格

左右。韩国市场虽然 2017 年底至 2018 年初进口价格有所回升，但之后基本上呈现下跌趋势，到了 2019 年 7 月已经跌至 8 美元左右；韩国市场在每年的年底会有稍许的反弹，与新年的季节性消费有一定关系。欧盟市场对虾价格 2017—2019 年总体较好，但一年中的波动较前几个市场大一些。以德国市场为例，2018 年进口价格高于 2017 年，但从 2018 年底至 2019 年初略有下降。

四、中国对虾出口竞争力分析

1. 显示性比较优势指数分析

显示性比较优势指数（RCA）是指一国总出口中某类商品所占份额相对于该商品在世界贸易总额中所占比例的大小。其公式为：

$$RCA=(X_{ij}/X_i)/(X_{wj}/X_w)$$

其中，X_{ij} 代表 i 国 j 类商品的出口额，X_i 代表 i 国所有商品的出口总额，X_{wj} 代表 j 类商品的世界出口总额，X_w 代表所有商品的世界出口总额。如果 RCA 值大于 1，表示该国在该类商品的出口上相对集中，在这类商品上具有一定的比较优势。一般情况下，若 *RCA* 大于 2.5，则具有强竞争优势；若小于 2.5 但大于 1.25，则具有较强竞争优势。

运用联合国贸易统计数据库的数据，可以计算出中国和主要对虾出口国家的显性比较优势，如表 4－1 所示。

根据 *RCA* 指数，中国对虾出口不具有竞争优势，厄瓜多尔、越南、泰国、印度和印度尼西亚等国都比中国有竞争优势，且竞争优势很强；最具竞争优势的是厄瓜多尔，其次是印度。如果动态比较，可以看出近年来厄瓜多尔的竞争优势呈现明显的增强趋势，印度的竞争优势也在逐年增强，泰国和越南的竞争优势在减弱，中国和印度尼西亚的则没有提升（表 4－2）。

表 4－2　不同出口国家的 *RCA* 指数

国　家	2015 年	2016 年	2017 年	2018 年
中国	0.66	0.71	0.66	0.72
厄瓜多尔	99.28	106.52	104.82	111.64
印度	9.38	9.62	10.92	10.65
印度尼西亚	8.23	7.97	6.79	7.14
泰国	6.11	6.33	5.83	5.31
越南	13.83	11.97	11.58	9.94

2. 净出口指数分析

净出口指数（NTB）是指某一产品的净出口额与进出口总额之比，净出口额为某一产品的出口额减去进口额的差额，这一指标常被称作贸易竞争力指数。

NTB 在－1 到 1 之间变动，某国 $NTB>0$ 表明该国是该产品的净出口国，产品具有出口竞争力，*NTB* 越大，竞争力越强；$NTB_{ij}<0$ 表明该国是该产品的净进口国，NTB_{ij} 越小，表示国际竞争力越弱。一般将 $NTB_{ij}\geqslant 0.8$ 的产品列为具有高比较优势或强竞争力产品；将 $0.5\leqslant NTB_{ij}<0.8$ 的产品列为较强竞争力产品；将 $0<NTB_{ij}<0.5$ 的产品列为低竞争力产品。

表 4－3 中中国和主要对虾出口国家的净出口指数，同样是运用联合国贸易统计数据库数据计算得出。

根据净出口指数可以看出，厄瓜多尔、印度、印度尼西亚和泰国对虾的国际竞争力较强，且比较稳定；越南的国际竞争力指数 2018 年变化较大，主要是因为 2018 年进口量大幅度增长所致。中国的国际竞争力较低，不如厄瓜多尔、印度、印度尼西亚和泰国，也不及越南，而且还在逐年降低，2018 年明显下降，主要是因为在 2018 年之前大量走私进口转变为正关进口，进口量数据有了明显增长（表 4-3）。

表 4-3　不同出口国家的净出口指数

国　家	2015 年	2016 年	2017 年	2018 年
中国	0.44	0.47	0.46	0.14
厄瓜多尔	1.00	1.00	1.00	1.00
印度	0.99	0.99	0.99	0.98
印度尼西亚	0.98	0.98	0.98	0.99
泰国	0.89	0.90	0.89	0.86
越南	0.75	0.79	0.79	0.15

无论是显示性比较优势指数，还是净出口指数，均是从一国出口商品贸易实绩的角度来考察出口商品的比较优势。从贸易实绩分析，中国对虾出口不具有竞争优势，厄瓜多尔、越南、泰国、印度和印度尼西亚等国都比中国有竞争优势，最具竞争优势的是厄瓜多尔，其次是印度。如果动态比较，近年来厄瓜多尔的竞争优势呈现明显的增强趋势，印度和印度尼西亚的竞争优势也在逐年增强，泰国和越南的竞争优势不稳定，中国的则没有提升。

在目前国际贸易壁垒盛行的背景下，一国的进出口往往受到贸易政策的影响，并不是完全意义上的自由贸易，某些产品的生产和进出口本身就带有一定的政治人为因素，关税等贸易政策和生产政策对进出口的影响会造成比较优势指数的扭曲。在这种情况下，仅仅通过显示性比较优势指数和净出口指数来进行贸易比较优势的分析存在着一定的局限性。

3. 纯出口比较优势指数分析

纯出口比较优势指数（NEPR）是指一国纯出口中某类商品所占份额相比于该商品在世界贸易总额中所占比例的大小。其公式为：

$$NEPR=（X_{ij}-M_{ij}/X_i）/（X_{wj}/X_w）$$

其中，X_{ij} 代表 i 国 j 类商品的出口额；M_{ij} 代表 i 国 j 类商品的进口额；X_i

代表 i 国所有商品的出口总额；X_{wj} 代表 j 类商品的世界出口总额；X_w 代表所有商品的世界出口总额。

纯出口比较优势指数是将显示性和比较优势指数与一国的贸易竞争力结合起来衡量对外贸易比较优势的一个指标。它既可以弥补显示性和比较优势指数只考虑出口的缺陷，又可以很容易地判断该国对外贸易在世界贸易中的地位，在分析对外贸易结构及比较优势方面是一个比较好的综合指标。一般认为，若 *NEPR* 指数大于 1，则具有较强竞争优势；若小于 1 但大于 0，则具有一定的竞争优势；若小于 0，则说明该产品在国际市场上没有比较优势。

表 4－4 中中国和主要对虾出口国家的纯出口比较优势指数，同样是运用联合国贸易统计数据库数据计算得出。

根据纯出口比较优势指数，中国对虾出口虽然具有一定的竞争优势，但较其他国家差距很大，且近年来竞争优势在降低；厄瓜多尔有很强的竞争优势，所有出口国均无法与其相提并论，而且这种竞争优势在逐年增强；印度、印度尼西亚、泰国和越南也有很强的竞争优势，而且印度的竞争优势在逐年增强，而泰国和越南的竞争优势表现出逐年降低的趋势。

表 4－4　不同出口国家的纯出口比较优势指数

国　家	2015 年	2016 年	2017 年	2018 年
中国	0.40	0.45	0.41	0.18
厄瓜多尔	99.28	106.51	104.82	111.64
印度	9.34	9.58	10.87	10.57
印度尼西亚	8.17	7.87	6.72	7.09
泰国	5.75	5.99	5.48	4.91
越南	11.82	10.56	10.23	2.52

综合考量显示性比较优势指数、净出口指数和纯出口比较优势指数，我国近年来对虾产品出口虽然有一定的国际竞争力，但与其他出口国的差距还较大，而且国际竞争力年际波动较大，不是很稳定，有些指标甚至出现下降的趋势，我国对虾产品面临巨大的挑战，2018 年和 2019 年我国对虾产品进口的明显增长，不仅是由于国内消费市场的大幅增长和国家对走私对虾产品的有力打击，与我国对虾产品的竞争力降低也有很大关系。

第五篇 DIWUPIAN

大浪淘沙

一、我国小龙虾产业发展概况

1. 我国小龙虾产业的兴起

小龙虾，学名克氏原螯虾，原产于北美洲，现广泛分布于世界五大洲30多个国家和地区。小龙虾产业的发展在中国经历了从无人问津到千亿级市场规模发展过程。20世纪90年代初期，江苏盱眙人自创“十三香”调料烹制龙虾打开当地人的味蕾并逐渐向周边扩散，当时小龙虾以捕捞为主，年平均产量仅为6 700吨，小龙虾的养殖始于20世纪90年代后期，1999年小龙虾的产量接近10万吨；2000年江苏盱眙创立“盱眙龙虾”品牌并举办首届龙虾节，与此同时，湖北潜江出现虾稻连作模式的雏形，利用稻田天然饵料生长的健康肥美的小龙虾开始慢慢走进全国食客的视野中；2007年我国小龙虾的总产量达到了26.55万吨，超过了其他国家小龙虾的总产量并成为世界最大的小龙虾生产国。

2013年起，历时3年，湖北潜江在虾稻连作的基础上创新出虾稻共作模式，小龙虾产量翻番，显著地增加了农户收入，农民养殖小龙虾的积极性得到极大提高，我国掀起了小龙虾养殖的热潮，自此小龙虾产业迅速增长。目前，小龙虾产业已形成了集种苗繁育、生态养殖、加工出口、餐饮娱乐及节庆文化等于一体的完整产业链。小龙虾的稻田养殖成为农业产业精准扶贫的有效抓手，集聚绿色、特色和生态于一身的小龙虾产业使不少地区走上了一条独具特色的产业振兴道路，大大促进了农业增效、农民增收及乡村振兴。2018年，小龙虾养殖面积及总产量均呈现较大幅度的增长，其加工环节得到资本市场的进一步关注，众多电商平台纷纷参与物流及餐饮消费等环节，市场价格同比持续增长。目前小龙虾消费已遍布大半个中国，小龙虾产业也从最初的“捕捞＋餐饮”向养殖、加工、流通及节庆等一体化服务拓展，形成了完整的产业链。

2. 我国小龙虾养殖产量变化趋势

2018年，小龙虾总产量达163.87万吨（不含香港、澳门及台湾地区，下同），与2017年相比，养殖产量增加50.9万吨，增幅45.1%，增幅为历年最高。自2003年至2019年全国小龙虾养殖产量变化情况如图5－1所示，我国小龙虾总产量除在2011年略有回调外，整体呈逐年增加趋势。2013年以后，年增长率逐年增加。2003—2018年，全国小龙虾养殖产量由5.16万吨增加至163.87万吨，增长了30多倍。

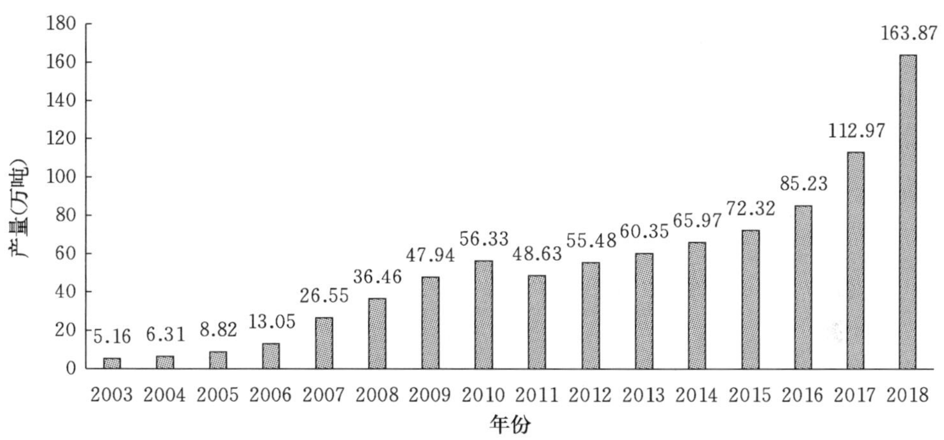

图5-1　2003—2019年全国小龙虾养殖产量变化情况

（资料来源：《中国渔业统计年鉴》）

3. 我国小龙虾养殖主要区域分布

近年来，我国小龙虾养殖也迅速发展，养殖区域逐年扩增。2018年，全国发布小龙虾养殖报告的省份有21个，分别是湖北、湖南、安徽、江苏、江西、山东、河南、四川、浙江、重庆、福建、广西、云南、贵州、上海、广东、黑龙江、宁夏、新疆、河北、山西。其中，黑龙江、山西为首次发布①。

2018年，无论是从养殖面积还是产量来看，湖北、湖南、安徽、江苏、江西5省份仍占据主导地位，而与往年不同的是，由于其他省份小龙虾养殖快速发展，与2017年相比，5省的占比略有下降。我国小龙虾养殖主要区域分布如图5-2所示。

从全国各县（市、区）来看，据2018年全国各县小龙虾养殖产量排行榜数据显示，进入排行榜前30位的湖北省有15个、湖南省有5个、安徽省有4个、江苏省有3个，山东省、江西省、河南省分别有1个，如图5-3所示。

① 资料来源：农业农村部渔业渔政管理局等《中国小龙虾产业发展报告（2019）》。

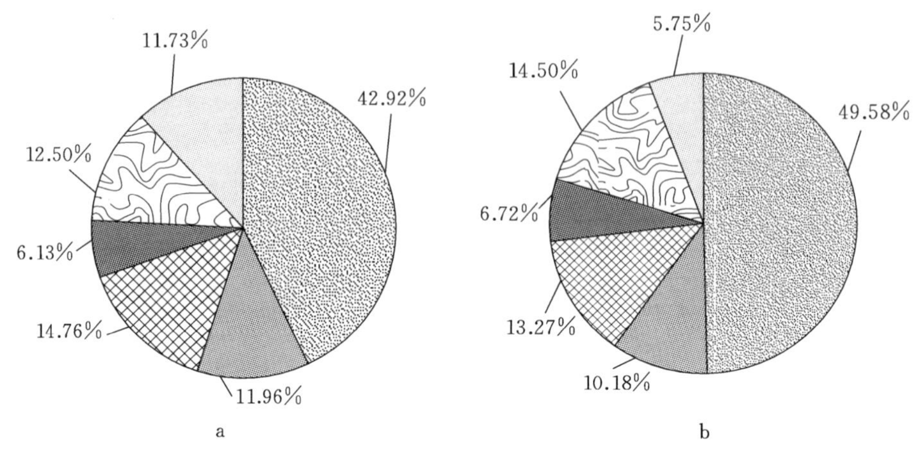

图 5-2 2018 年我国小龙虾养殖主要区域分布

a. 面积占比情况 b. 产量占比情况

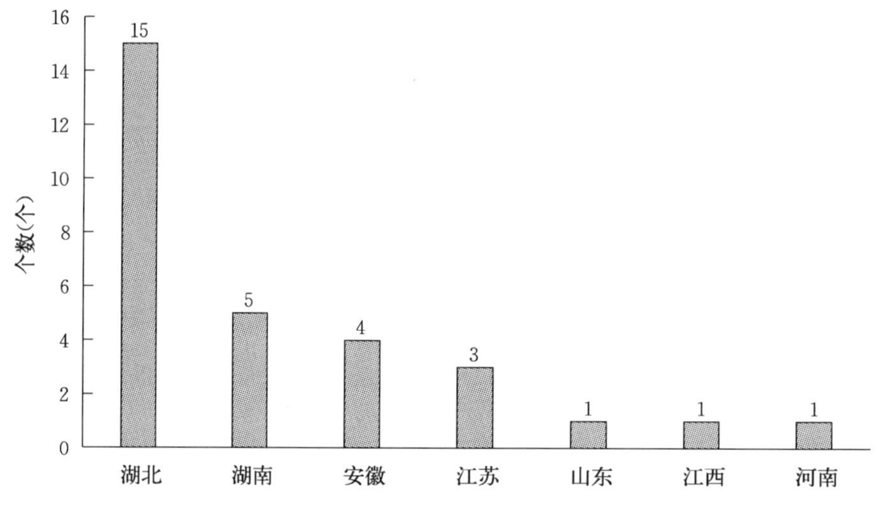

图 5-3 各省份进入养殖产量排行榜前 30 位的县（市、区）个数

值得关注的是，山东省、河南省首次有地区进入县级 30 强，分别是山东省鱼台县和河南省潢川县（这两个县都是国家级贫困县），位居全国第 12 名和第 28 名。次外，还有 6 个县（市、区）首次入围全国前 30 名，分别是江苏省泗洪县（第 15 名）、湖南省岳阳市君山区（第 20 名）、安徽省全椒县（第 21 名）、江西省都昌县（第 23 名）、湖北省仙桃市（第 26 名）和湖北省

荆州市沙市区（第 29 名）①。

这 30 个县（市、区）的小龙虾养殖总产量为 101.28 万吨，占全国养殖总产量的 61.81%。位列排行榜前三名的均分布在湖北省，其中湖北省监利县以产量 13.06 万吨位列排行榜第一；湖北省洪湖市排名第二，2018 年产量为 10.5 万吨；湖北省潜江市则以 9.2 万吨排名第三。与 2017 年相比，小龙虾养殖产量超过 10 万吨的县（市、区）又增加了一个，除湖北省监利县以外，洪湖市也后来居上。此外，2018 年全国各县小龙虾养殖产量排行榜前 30 名中，30 个县（市、区）均破万吨，2017 年破万吨的县（市、区）只有 18 个。2018 年全国小龙虾养殖产量前 30 名的县（市、区）情况如表 5-1 所示。

表 5-1 2018 年全国小龙虾养殖产量前 30 名的县（市、区）情况

单位：万吨

排序	省份	县（市、区）	养殖产量	排名变化情况
1	湖北	荆州市-监利县	13.06	—
2	湖北	荆州市-洪湖市	10.55	—
3	湖北	潜江市	9.21	—
4	湖南	益阳市-南县	7.61	—
5	江苏	淮安市-盱眙县	6.00	—
6	湖北	荆门市-沙洋县	4.35	—
7	湖北	荆州市-公安县	4.01	↑2
8	湖南	岳阳市-华容县	3.90	↑1
9	湖北	荆州市-石首市	3.49	↓1
10	湖北	黄冈市-黄梅县	3.04	—
11	湖北	天门市	2.74	↑2
12	山东	济宁市-鱼台县	2.51	首次
13	湖南	岳阳市-临湘市	2.26	↑14
14	湖北	荆门市-钟祥市	2.24	↓3
15	江苏	宿迁市-泗洪县	2.15	首次
16	安徽	六安市-霍邱县	2.02	↓1
17	江苏	泰州市-兴化市	1.88	↓5

① 资料来源：农业农村部渔业渔政管理局等《中国小龙虾产业发展报告（2019）》。

（续）

排序	省份	县（市、区）	养殖产量	排名变化情况
18	安徽	安庆市-宿松县	1.88	↓2
19	湖南	益阳市-沅江市	1.85	↑11
20	湖南	岳阳市-君山区	1.75	首次
21	安徽	滁州市-全椒县	1.66	首次
22	安徽	合肥市-长丰县	1.61	↓5
23	江西	九江市-都昌县	1.60	首次
24	湖北	黄冈市-武穴市	1.53	↓10
25	湖北	咸宁市-赤壁市	1.51	↓6
26	湖北	仙桃市	1.49	首次
27	湖北	孝感市-汉川市	1.43	↑2
28	河南	信阳市-潢川县	1.34	首次
29	湖北	荆州市-沙市区	1.30	首次
30	湖北	荆州市-荆州区	1.30	↓7

4. 我国小龙虾主产省份养殖情况

从养殖面积看，2018 年，全国小龙虾养殖面积达 1 680 万亩，其中前 5 名的省份养殖面积合计达 1 483 万亩，占全国的 88.27%，排名依次为湖北 721 万亩、安徽 248 万亩、湖南 210 万亩、江苏 201 万亩、江西 103 万亩，同比分别增长 32.54%、67.56%、75.00%、45.30%、74.58%（图 5－4）。

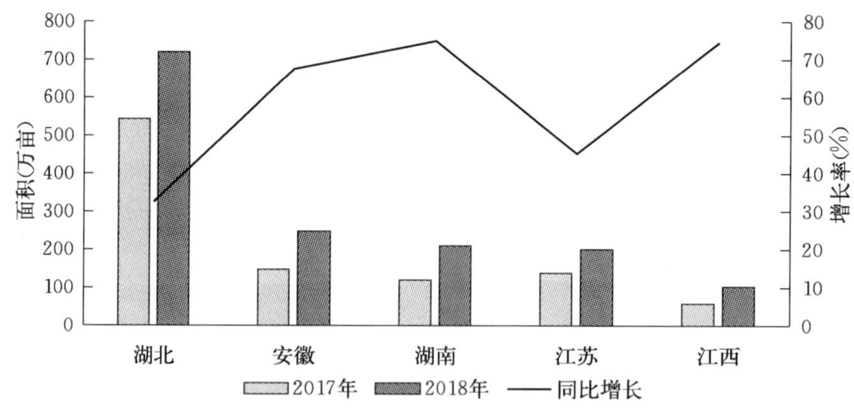

图 5－4　主产省份 2017 年与 2018 年养殖面积对比情况

从养殖产量看，2018 年全国小龙虾养殖总产量为 163.87 万，其中前 5 名的省份养殖产量合计为 154.46 万吨，约占全国的 97%；与养殖面积占比相比不难看出，排名前 5 位的省份单产高于全国平均水平。排名依次为湖北 81.24 万吨、湖南 23.76 万吨、安徽 21.75 万吨、江苏 16.68 万吨、江西 11.02 万吨，同比分别增长 28.63%、75.06%、58.00%、44.58%、48.16%（图 5－5）。

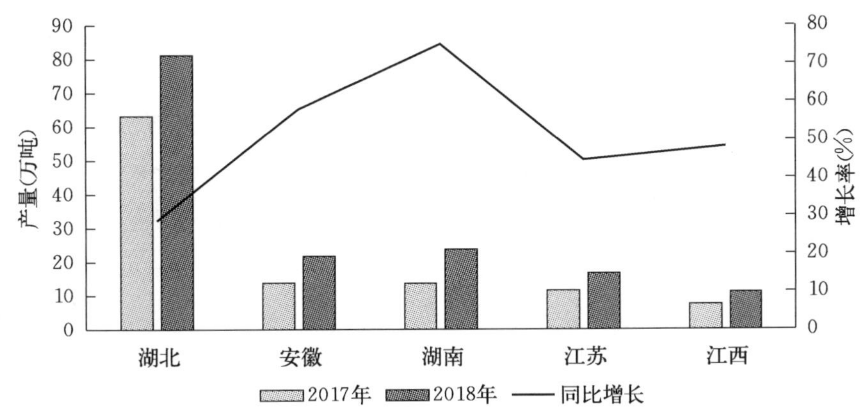

图 5－5　主产省份 2017 年与 2018 年养殖产量对比情况

在 5 省份中，无论是养殖面积还是养殖产量，占比最大的都是湖北，2018 年总产量约占全国的一半，稳居全国领先地位。增速最快的是湖南省，目前产量排名第二，面积排名第三。从近 7 年小龙虾主产区养殖面积和产量情况来看（图 5－6 和图 5－7），2012 年到 2018 年间，5 省份的养殖面积逐年稳步增加、增幅不断提高，尤其是湖南省，产量从 0.2 万吨增长到 23.76 万吨，增长近 118 倍，养殖面积从 3.6 万亩增长到 210 万亩，增长了 57 倍多。

二、我国小龙虾产业组织分析

小龙虾产业在大力发展生态养殖的基础上，已逐步形成一二三产业结构合理、以第三产业为主导的完整产业链。就发展趋势来看，小龙虾产业结构仍在进一步完善，产业链也仍在不断延伸，而其发展途径将由量变转向质

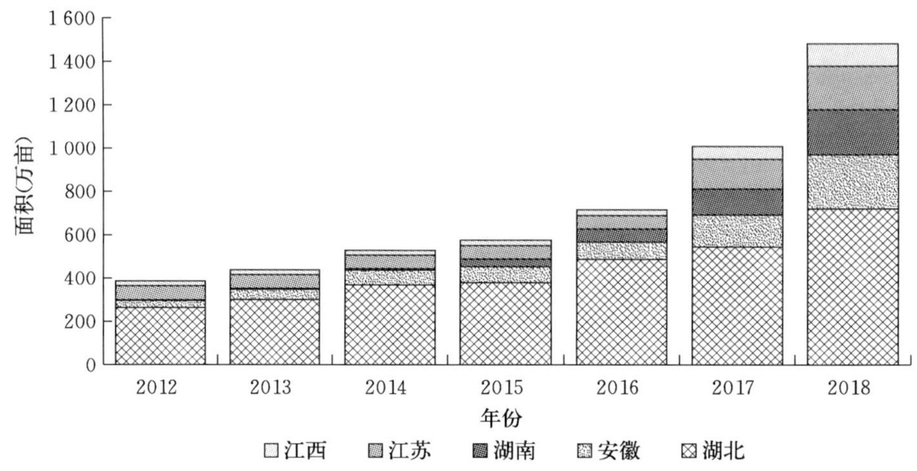

图 5-6　近 7 年主产区小龙虾养殖面积增长趋势

（资料来源：《中国渔业统计年鉴》）

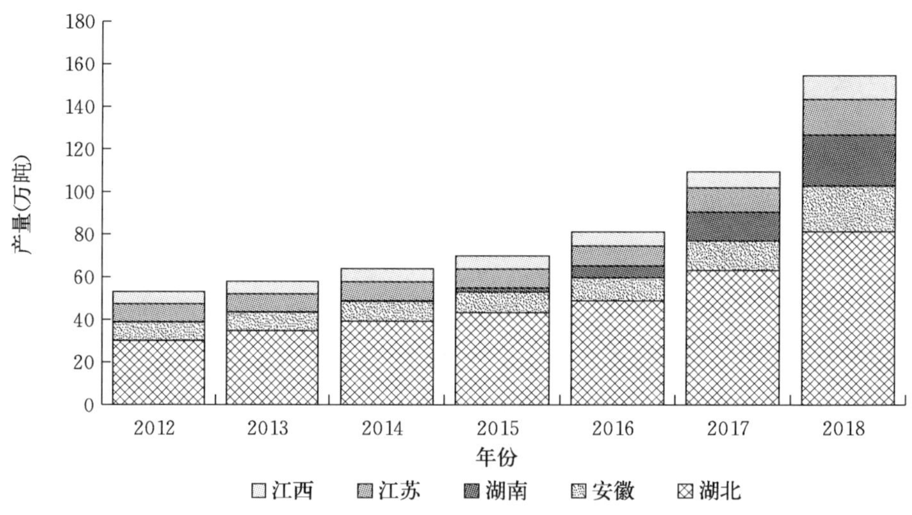

图 5-7　近 7 年主产区小龙虾养殖产量增长趋势

（资料来源：《中国渔业统计年鉴》）

变，体现在由主要依托产业规模的扩张来提高产量的粗放模式向高质量绿色发展的“提质增效”模式转变。

1. 产业结构

据统计，2018 年全国小龙虾经济总产值约为 3 690 亿元，同比增长 37.5%。其中，第一产业产值约 680 亿元，占总产值的 18.43%；第二产业产值约为 284 亿元，占 7.7%；第三产业产值约为 2 726 亿元，占 73.8%，在小龙虾产业中明显占据了主导地位（图 5－8）。

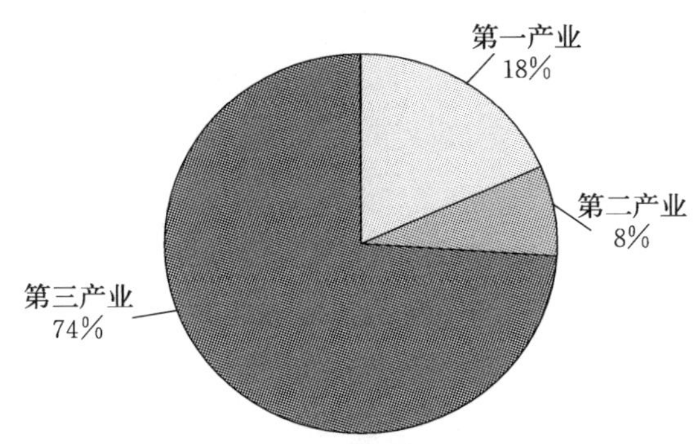

图 5－8 2018 年全国小龙虾一二三产业产值占比情况

（资料来源：《中国渔业统计年鉴》）

2018 年与 2017 年相比，全国小龙虾一二三产业产值仍处于增长状态，分别同比增长 40.21%、42%和 36.3%。尤其是第三产业，较 2017 年增长 726 亿元。从增长幅度来看，2017 年第三产业产值同比增幅为 150%，第二产业产值同比增幅为 96.08%，达历史最高增幅。而 2018 年各产业产值增幅比例相当，相对于 2017 年趋于平稳（表 5－2）。

表 5－2 近 3 年全国小龙虾产业产值增减变化情况

单位：亿元

产 值	2018 年	2017 年	2016 年	2018 年与 2017 年比较		2017 年与 2016 年比较	
				增减量	幅度	增减量	幅度
总产值	3 690	2 685	1 466	1 005	37.43	1 219	83.15
第一产业	680	485	564	195	40.21	−79	−14.01
第二产业	284	200	102	84	42.00	98	96.08
第三产业	2 726	2 000	800	726	36.30	1 200	150.00

资料来源：《中国渔业统计年鉴》。

从近 3 年全国小龙虾产业产值变化情况来看，除第一产业外，2018 年同比增加的绝对量较 2017 年降低，增长速度变慢、增幅减小。相反，第一产业产值在 2017 年同比减少 14.01%，而在 2018 年又有所回升，同比增长 40.21%，较 2016 年增长 20.57%（图 5-9）。

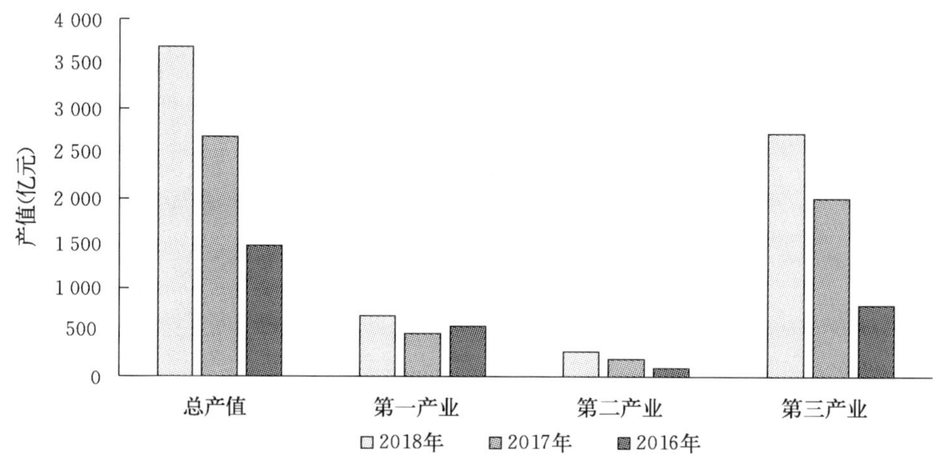

图 5-9　近 3 年全国小龙虾产业产值变化情况

2. 产业链条

小龙虾产业不仅规模发展迅猛，产业链也日益完善。业界流行这样一句话，"中国小龙虾看湖北，湖北小龙虾看潜江"，2018 年，潜江市全产业链综合产值达 320 亿元，已带动 15 万人就业致富、2 万人成功脱贫①。在种苗选育繁育、虾稻共作、精深加工和出口等方面，潜江始终坚持科技创新，居全国领先地位。因此，该部分以湖北省潜江市为重点分别从种苗繁育与养殖、加工与流通、国内消费与出口三个方面展开分析。

(1) 种苗繁育与养殖

近年来，随着稻虾综合种养模式的蓬勃发展，各地政府越来越重视小龙虾的良种繁育。例如湖北、安徽、江苏等省均对小龙虾良种繁育工作进行了部署安排。湖北、安徽均提出了要构建"育繁推"一体化的商业化小龙虾种

① 资料来源：潜江市农业农村局——工作动态，http://www.hbqj.gov.cn/headline/20190703/183519.html。

业体系。2005年潜江市率先开展种苗人工繁育研究与实验，目前建成了全国最大的小龙虾良种选育繁育中心，虾稻共作生态繁育面积达49.5万亩，种苗繁育能力达396亿尾，成为全国优质虾苗最大输出地①。此外，潜江市还建成了湖北省小龙虾产业技术研究院、甲壳素技术研发中心、小龙虾院士专家工作站，制定了《潜江龙虾虾稻共作养殖技术规程》等涵盖一二三产业全产业链的18项技术标准，在技术、育种等环节成为全国的领头羊。

2001年潜江市首创虾稻连作养虾模式，开创了稻虾综合种养模式的先河，2013年发展为虾稻共作。稻虾综合种养模式因一水两用、一田双收，具有渔稻互促、稳粮增收、绿色生态等多方面功能，成为各地政府扶持的主要种养模式。2018年，农业农村部先后公布的67个国家级稻渔综合种养示范区中，以稻虾为主的稻渔综合种养示范区占总示范区的1/3以上，其中，湖北省共有8个国家级稻渔综合种养示范区，潜江市就有两个，分别为湖北省潜江市华山国家级稻渔综合种养示范区、湖北省潜江市莱克国家级稻渔综合种养示范区。

（2）加工与流通

近些年，小龙虾的加工产品种类日趋多样化和特色化。目前小龙虾加工系列产品包括整只虾系列、虾尾（球）系列、虾仁（肉）系列。许多加工厂根据国内不同区域消费者的偏好，不断开发丰富新的加工品类，加工生产麻辣、香辣、十三香、蒜蓉、油焖、清水等各种预制调味小龙虾，并通过最新的加工储藏技术，让消费者在一年四季都能品尝到各种美味小龙虾。此外，小龙虾副产品的生产加工也取得显著进展，形成了甲壳素、壳聚糖、几丁聚糖胶囊、水溶性几丁聚糖、羧甲基几丁聚糖、甲壳低聚糖等系列产品，产品出口日本、欧美等国家和地区。

小龙虾产品加工主要集中在湖北、湖南、安徽、江苏4个省份，2018年，4省规模以上加工企业加工量近32万吨②。其中，湖北规模以上加工企业20家，领先于其他省份，2018年湖北加工量超过20万吨，同比增长1

① 资料来源：潜江市农业农村局——规划总结，http：//www.hbqj.gov.cn/jcghzj/20180326/128834.html。

② 资料来源：农业农村部渔业渔政管理局等《中国小龙虾产业发展报告（2019）》。

倍，产值达186.89亿元，同比增长60.57%。此外，湖南省规模以上加工企业有12家，加工量为7.3万吨；安徽规模以上加工企业有14家，加工量超过3万吨；江苏规模以上加工企业有10家，加工量超过1万吨（图5-10）。

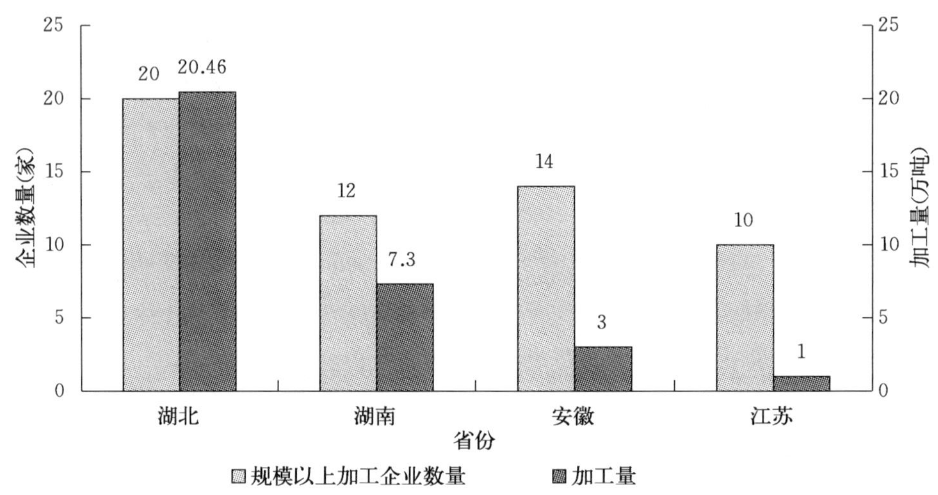

图5-10　2018年部分地区小龙虾加工企业数量及加工量

值得一提的是，在湖北省20家规模以上加工企业中，潜江市就占13家。被誉为“中国小龙虾加工出口第一市”的潜江市，目前可生产整虾、虾仁、甲壳素及衍生品等10多个系列60多个产品[①]，是全国唯一的小龙虾精深加工中心基地。潜江市建成了甲壳素深加工产业集群，打造为“世界甲壳素之都”。甲壳素龙头企业华山水产年处理10万吨废弃虾壳，可生产甲壳素4 000吨，氨基葡萄糖盐酸盐、高密度壳聚糖、壳寡糖等高附加值产品3 500吨，甲壳素衍生产品年销售收入近30亿元[②]。窥斑见豹，足见潜江市小龙虾产业结构的优化程度居湖北省前列。

在流通渠道完善方面，小龙虾交易市场建设不断完善，冷链配送与物流体系建设发展迅速。各地区积极开通货运物流、客运专线物流及航空物流，

① 资料来源：潜江日报电子版（2019-09-24），http：//a.qjrbs.com.cn/html/2019—09/24/content_85236.htm。

② 资料来源：农业农村部渔业渔政管理局等《中国小龙虾产业发展报告（2019）》。

实现 24 小时内送达全国各地，以保障小龙虾运输成活率和品质。2018 年，小龙虾大型交易市场数量新增 5 个[①]，分别在安徽巢湖、湖南岳阳、湖北荆州、浙江宁波。一些交易市场也在规划或建设当中，安徽合肥计划建设“中国合肥龙虾交易中心”；湖北天门、安徽六安、河南信阳等地已完成了新建专业小龙虾市场的规划。此外，小龙虾电商经营模式也不断创新，天猫、京东、苏宁易购、顺丰等平台纷纷布局小龙虾市场。除了电商巨头，垂直生鲜电商平台、社交电商平台以及网易严选、周黑鸭等也发力销售小龙虾，每日优鲜与贝贝网旗下社交电商贝店率先实行了小龙虾原产地的溯源，在湖北洪湖设立直采基地。

潜江市为满足市场需求，线下线上一并发力。潜江在线下建成全国最大的小龙虾专业交易市场，搭建全程智能跟踪服务物流平台“虾谷快运”，在全国 400 多个城市设立落地配送服务网点，开通物流直达专线到全国所有省会城市，实现湖北及周边省市 8 小时、国内 18 小时内送达，高峰期日交易量可达 600～800 吨。在销售旺季，这里就是一个专属小龙虾的交通枢纽。潜江在线上搭建以“互联网＋小龙虾＋流通”的可视化小龙虾垂直电商交易平台“虾谷 360”，建设了 12 个集小龙虾收购批发、检验检疫、信息发布大数据于一体的集约化小龙虾交易中心[②]。此外，潜江还建立了淘宝潜江馆、京东潜江馆、牛牛网、翼之虾等网上交易平台，与国内知名生鲜配送平台顺丰、京东等开展深度合作，创造了网销小龙虾过 10 亿元[③]的记录。

(3) 国内消费与出口

小龙虾传统消费市场主要集中在华东、华中、华北、华南地区，近年来随着小龙虾流通渠道的日益完善、线上交易平台的搭建以及加工品种和数量的增加，西南、西北、东北地区消费量也逐年上升。据 2019 年美团

---

① 资料来源：农业农村部渔业渔政管理局等《中国小龙虾产业发展报告（2019）》。

② 资料来源：农村新报（2019－07－12），http：//ncxb. cnhubei. com/html/ncxb/20190712/ncxb3356590. html。

③ 资料来源：潜江市农业农村局——工作动态：http：//qjjcj. gov. cn/nygzdt/20190129/172514. html。

发布的《小龙虾消费大数据报告》，2018 年美团小龙虾消费约 4.5 万吨。小龙虾交易量前 5 名的省份分别为广东、浙江、江苏、四川和上海。小龙虾交易量前 5 名的城市和规模依次为广州 520 万斤、北京 510 万斤、上海 490 万斤、深圳 460 万斤以及成都 360 万斤。2018 年，俄罗斯世界杯举办时间与小龙虾消费旺季重叠，进一步刺激了小龙虾的消费。小龙虾、啤酒、烤串等暖场宵夜成为看球赛的黄金搭档，国内消费者通过美团外卖平台下单的小龙虾消费量直线上升，从平台数据来看，2018 年小龙虾总交易额是 2017 年的 4.3 倍。需要关注的是，2019 年前 5 个月的小龙虾交易额已经达到 2018 全年交易额的 77%，然而吃小龙虾的旺季在 6 月份才到来①。

小龙虾出口市场主要集中在美国和欧洲，占出口市场比重的 90%以上。其中出口美国的小龙虾占总出口量一半以上，出口丹麦、瑞典、荷兰、英国、比利时、德国等欧洲国家的小龙虾占比近 40%。潜江市拥有莱克、华山两个国家级农业产业化重点龙头企业，加工出口连续 14 年位居全国第一。2018 年潜江出口小龙虾总产值为 2.3 亿美元，全球饭桌上消费的小龙虾，每三只就有两只产自潜江。莱克小龙虾加工量和出口创汇均占湖北省总额的 50%以上，主导品牌“楚江红”荣获了湖北省名牌产品和中国驰名商标。华山水产是全国唯一淡水甲壳素精深加工基地，“漆雕贝康”系列甲壳素产品已全面上市，公司的“良仁”商标被认定为中国驰名商标和湖北省出口名牌商标②。

3. 养殖模式

小龙虾养殖模式有稻田养殖、池塘养殖、莲藕（苇）田套养、大水面人工增氧养殖等，其中稻田养殖为主要养殖模式。2018 年全国小龙虾养殖面积为 1 680 万亩，其中稻田养殖面积约为 1 261 万亩，占总养殖面积的 75.07%；池塘养殖（含虾蟹混养）面积近 300 万亩，占总养殖面积的

---

① 资料来源：海大农牧微信公众号，https：//mp. weixin. qq. com/s/70 _ CDdBMuBg-1YA1GLcWSug。

② 资料来源：潜江市农业农村局——工作动态，http：//qjjcj. gov. cn/nygzdt/20190129/172514. html。

17.79%；其他混养面积约为 120 万亩，占总养殖面积的 7.14%（图 5－11）。

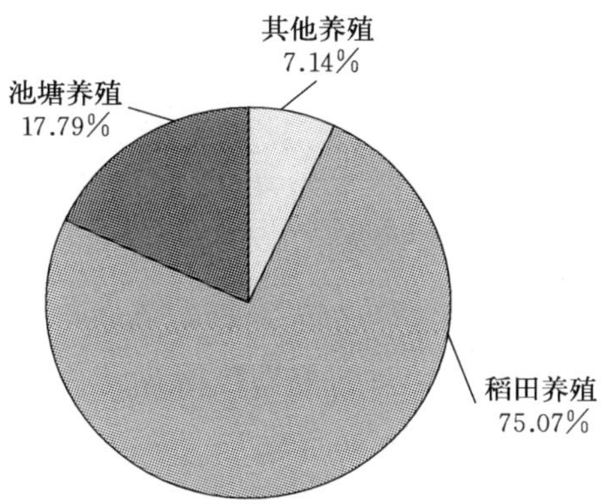

图 5－11　2018 年小龙虾不同养殖模式的养殖面积占比情况

（资料来源：《中国渔业统计年鉴》）

与 2017 年相比，2018 年小龙虾养殖总面积增加 480 万亩，增长 40%，其中稻田养殖增加 411 万亩，同比增长 48.35%；池塘养殖增加 100 万亩，同比增长 50%；其他养殖模式同比减少 20%(图 5－12)。

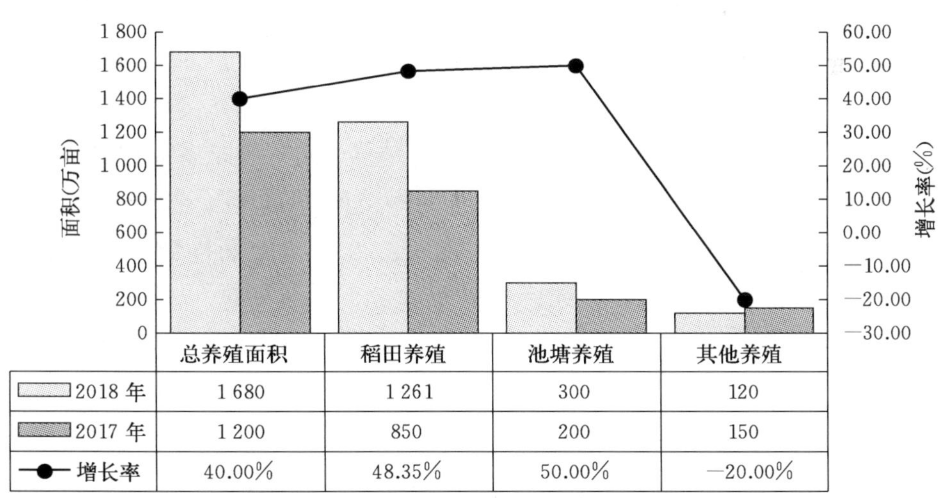

	总养殖面积	稻田养殖	池塘养殖	其他养殖
2018 年	1 680	1 261	300	120
2017 年	1 200	850	200	150
增长率	40.00%	48.35%	50.00%	－20.00%

图 5－12　2018 年与 2017 年养殖面积对比情况

（资料来源：《中国渔业统计年鉴》）

（1）稻田养殖模式

稻田养殖模式具体又分为虾稻共作与虾稻连作两种模式：

①虾稻共作。种植一季水稻并在其中养殖小龙虾，在水稻种植期间小龙虾与水稻在稻田中同生共长，成虾的生长周期仅需 45 天，即每年 8—9 月中稻收割前投放亲虾，或 10—11 月水稻收割后投放幼虾，翌年 4 月上旬—5 月下旬收获成虾，6 月上旬整田插秧，种植中稻的同时培育亲虾，10 月—翌年 3 月繁育小龙虾种苗，如此循环轮替。此模式一般亩产小龙虾 150 千克、水稻 500 千克，按 2018 年市场行情亩均产值在 5 500 元左右，实现亩均利润 3 000 元左右。

②虾稻连作。种一季中稻，养一季小龙虾。即每年 8—9 月中稻收割前投放亲虾，或 10—11 月水稻收割后投放幼虾，翌年 4—5 月收获成虾，6 月整田插秧，种一季中稻，如此循环轮替。此模式一般亩产小龙虾 100 千克、水稻 500 千克，按 2018 年市场行情亩均产值在 4 500 元左右，实现亩均利润 2 000 元左右。

（2）池塘养殖模式

池塘养殖小龙虾，其生长速度较快，经过 3—5 个月的喂养即可达到 30 克以上的成虾上市规格。每年可养 2 造，第 1 造于每年 3—4 月放养幼虾，6 月初即可筛选捕捞，8 月份集中捕捞完毕；第 2 造每年 9—10 月放养幼虾，到翌年的 3 月即可开始捕捞，5 月底捕捞完毕。因此，每年的 4 月到 8 月是小龙虾集中上市的季节。将池塘进行结构改造，种植多品种水草，保持水草常年覆盖率在 40%左右，亩投小龙虾苗种 8 000 尾，投喂优质颗粒饲料，一般亩产小龙虾 150～200 千克，按 2018 年市场行情亩均利润在 4 000元左右。在虾蟹混养模式中，每亩投放大规格幼蟹 800 只、小龙虾种苗5 000 尾，一般亩产河蟹 75 千克、小龙虾 100 千克，亩均利润在 4 000元左右。

（3）其他混养模式

近年来，新的小龙虾养殖模式也不断涌现，如浙江的“菱虾共生”模式、山东的“藕虾共生”模式、海南的冬季养虾模式、湖北的大水面人工增氧养殖模式、上海的大棚反季节养虾模式等。小龙虾是底栖甲壳动物，虾池内适当混养鲢、鳊、河蟹、青虾等可改善龙虾的生长环境，提高养殖效益，但不能混养肉食性鱼类，否则会影响小龙虾生长。

三、我国小龙虾的市场消费与营销分析

近年来，小龙虾深受消费者喜爱，消费品种不断增加，消费市场异常火爆，消费群体不断扩大。2018 年，小龙虾市场价格同比持续增长，而 2019 年，小龙虾受产量剧增、种苗退化等影响，整体价格下降 15%，行业发展需回归理性。

1. 消费渠道

我国小龙虾消费渠道主要有堂食渠道（包括夜宵大排档）和互联网渠道两种。堂食渠道包括传统的夜宵大排档和品牌餐饮企业。和正餐相比，小龙虾含肉量低、易消化、热量低，符合年轻人消费心理；而且食用颇费周章、剥壳占用双手等特点不仅增长了就餐时间，而且由于无法使用手机使得吃饭和聊天的过程更加专心，与大部分聚餐时人人“心系”手机、“身在曹营心在汉”的场景形成了鲜明的对比，有效增加了餐桌上的快乐时光。小龙虾作为一种食材，在其口味特质和发展前景中，极易表现出多样性特征。除了品质上的竞争，各大商家更加注重产品口味和菜品的创新，极大地迎合了中青年消费者求异求新的心理。

互联网渠道主要是线上与线下相结合的小龙虾销售。小龙虾各大电商平台不断加强与小龙虾加工企业的合作，小龙虾餐饮品类外卖销量大增，呈现出高进场率、高关注度、高增长量的特点①。究其原因，从消费端看，源于消费目的性强、决策成本低和体验感好；从供应端看，操作简单、易于按照统一标准加工，由于具备规范化零售的条件，很容易占领市场。近年来，小龙虾产品外卖消费场景也在发生变化，已从住宅、校园、写字楼向商城、娱乐场所等拓展。

2. 餐饮消费

餐饮消费在提升小龙虾市场需求方面发挥了非常重要的作用。近年来，

① 资料来源：《2018 年餐饮业小龙虾消费报告》，搜狐新闻网（2018－08－34）。

全国各地积极加大小龙虾菜肴开发，形成了一大批小龙虾知名菜肴和餐饮品牌，如江苏盱眙的“十三香龙虾”、南京的“金陵鲜韵”系列、湖南南县的“冰镇汤料虾”、湖北潜江的“油焖大虾”等，有效推动了小龙虾餐饮消费向深层次发展。

从线下来看，大量商家涌入小龙虾餐饮市场，小龙虾门店数量增长迅猛。2017 年小龙虾门店数量比 2016 年增加了近 10 万家，增长 95%；2018 年小龙虾门店数量比 2017 年又增加了超过 14 万家，增长近 70%；而 2019 年截至 5 月份，平台收录的小龙虾门店数量相比 2018 年继续增加了近 5 万家。此外，全国有 20 个城市的小龙虾门店数超过 1,000 家，越来越多的饭店把小龙虾作为招揽顾客的主打菜品。为了抢滩小龙虾生意、从线上引流，商家们也纷纷在美团和大众点评推出小龙虾相关的团购套餐、代金券等在线产品，吸引消费者到店消费①。

从线上来看，2018 年小龙虾外卖市场份额明显提高，无论是订单量还是交易额，都增长迅速。据美团数据显示，2018 年小龙虾外卖订单量是 2017 年的 2.6 倍，外卖交易额是 2017 年的 3 倍，而 2019 年前 5 个月的订单量已经相当于 2018 全年外卖订单量的 68%，外卖交易额已经相当于 2018 全年外卖交易额的 72%②。

3. 市场价格

（1）市场存在季节性差价，且较为明显

由于小龙虾上市有明显的季节性，2018 年小龙虾批发市场活虾价格走势依然呈现出“V”字形。和往年相比，2018 年小龙虾上市更早，初上市阶段和集中上市期价格更高，下市的时间也比往年略有提前。以湖北省潜江市为例，对其 2018 年小龙虾价格走势分析（图 5－13），3 月份小龙虾上市量少，价格明显较高。小青规格③虾最高价达 24 元/斤，中青最高价达 33

---

① 资料来源：海大农牧微信公众号，https://mp.weixin.qq.com/s/70_CDdBMuBg-1YA1GLcWSug。

② 资料来源：海大农牧微信公众号，https://mp.weixin.qq.com/s/70_CDdBMuBg-1YA1GLcWSug。

③ 小龙虾规格分为青壳虾和红壳虾两大类，每一类又细分为大、中、小及两虾。其中，小规格为 10～20 克，中规格为 20～30 克，大规格为 35～45 克。

元/斤，大青最高价达 45 元/斤，小红、中红、大红的价格分别为 22 元/斤、34 元/斤、50 元/斤，两虾青壳和红壳的最高价分别为 50 元/斤、63 元/斤；4 月价格略有下降，但总体依然较高；5 月养殖小龙虾大量集中上市，价格出现明显下降，小青规格虾最低价为 11 元/斤，中青为 14 元/斤，大青为 20 元/斤，小红、中红、大红的最低价格分别为 10 元/斤、11 元/斤、15 元/斤，两虾青壳和红壳最低价格分别为 21 元/斤、36 元/斤。中旬以后，随着加工厂加大收购量，价格开始回升；而 6 月中旬开始，由于稻田养殖的小龙虾上市基本结束，供给大幅度减小、供小于求，致使价格上涨；7 月价格继续上涨，加工厂和流通市场出现提价抢货现象；8 月由于持续的涨价，一些主流水产市场陆续结束小龙虾交易；9 月以后，小龙虾市场进入淡季，价格呈回升趋势。

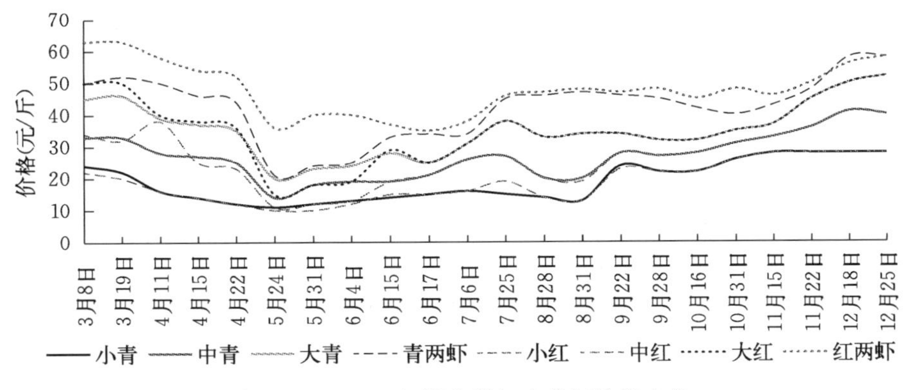

图 5-13　2018 年湖北潜江小龙虾价格走势

（资料来源：小龙虾价格网）

相比较而言，2019 年小龙虾价格不再呈“V”字形走势（图 5-14），由于小龙虾养殖规模大幅度扩张，大批小龙虾集中上市，加上小龙虾种苗退化等多方面因素，小龙虾总体价格比 2018 年同期下降 15%。参见表 5-3，2019 年 3 月 8 日小龙虾市场价格比 2018 年同期较高，小龙虾小青规格虾 27.5 元/斤，中青 40 元/斤，大青 55 元/斤，小红、中红、大红的价格分别为 28 元/斤、33 元/斤、58 元/斤，两虾青壳和红壳的价格高达 68 元/斤、66 元/斤。而从 3 月 8 日开始，小龙虾价格便开始走下坡路，5 月到 7 月之间，小龙虾价格降至最低，6 月 4 日小青规格虾价为 11 元/斤，中青为 13.17 元/斤，大青为 16.5 元/斤，小红、中红、大红的最低价格分别为 12 元/斤、14 元/斤、18 元/斤，两虾青壳和红壳最低价格分别为 33 元/斤、36 元/斤，均低于 2018 年同期价格；该价格水平一直持续到 7 月底，直到 8 月初才有小幅度的回升，9 月至 11 月价格又呈下降趋势。

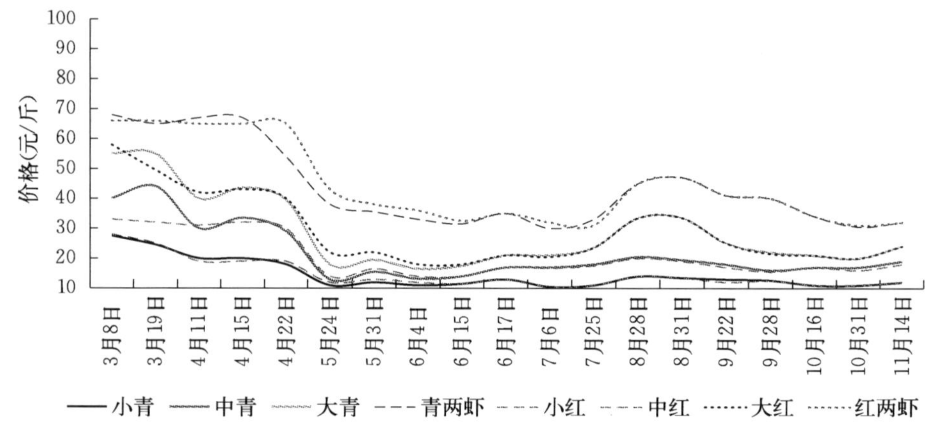

图 5-14　2019 年湖北潜江小龙虾价格走势

（资料来源：小龙虾价格网）

表 5-3　2018 年与 2019 年同期小龙虾市场价格对比

单位：元/斤

规　格	2018 年		2019 年	
	3 月 8 日	6 月 4 日	3 月 8 日	6 月 4 日
小青	24	13	27.5	11
中青	33	19	40	13.17
大青	45	24	55	16.5
青两虾	50	25	68	33
小红	22	12	28	12
中红	34	13	33	14
大红	50	19	58	18
红两虾	63	40	66	36

资料来源：小龙虾价格网。

(2) 市场存在地区性差价，但差异不大

不同地区的水质差异会带来一些小龙虾品质上的差异，再加上消费者的地域偏好和市场供求等因素的影响，致使不同地区的价格表现出一定的差异性。以中青规格虾为例，2019 年主产省份价格对比情况如图 5 - 15 所示，从整体价格水平来看，江苏省的小龙虾市场平均价格在五省份中最高，均价为 23.5 元/斤，处于中等水平的是安徽省、湖南省，市场均价为 22.5 元/斤，而湖北省和江西省处于最低水平，市场价格均不足 22 元/斤。从不同的月份来看，3 月 5 日，各地区之间差价最大，小龙虾平均市场价格为安徽省最高，江西省最低，差价高达 9 元/斤。3 月 25 日各地区价格达到最高，其中江西省位居五省份第一，高达 45 元/斤，安徽省平均价格 41.67 元/斤为五省份最低。4—5 月各地区之间价格相差不大，差价仅在 1～2 元。6 月为各省份价格最低时期，湖北省小龙虾平均市场价格低至 11.78 元/斤，是五省份中最低价格。7 月各地区价格均有回升，湖北省回升价格最高，各地区之间差价不大。8 月和 9 月地区间差价较大，其中江苏省最高，江西省最低，差价 4 元/斤。

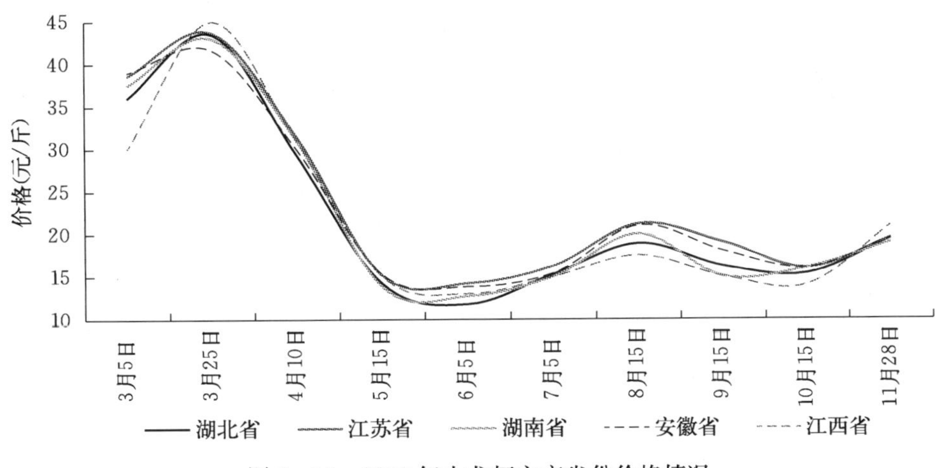

图 5 - 15　2019 年小龙虾主产省份价格情况

（资料来源：小龙虾价格网）

4. 节庆文化

节庆文化是提升品牌、拉动消费、融合产业、促进增收的重要手段。江

苏盱眙首开先河，自 2000 年起连续举办了 18 届国际龙虾节。湖北潜江奋起直追，连续 10 年成功举办潜江龙虾节，并在第 10 届潜江龙虾节促成 49 个项目签约，协议引资总额达 270.38 亿元①。除此之外，知名小龙虾节庆还有湖北省监利龙虾节、洪湖龙虾节；江西省鄱阳湖龙虾节；湖南省长沙龙虾节、岳阳龙虾节；山东省鱼台龙虾节等。各餐饮企业借着地方龙虾节的东风，也相应推出龙虾美食节活动，如南京华江饭店龙虾节、无锡欣旺大酒店龙虾节等。以此同时，龙虾节内容也不断丰富、形式不断创新、影响不断推广，已由餐饮上升为文化、由一种产品延伸为一个产业，节日经济在促进小龙虾终端消费和当地经济发展中发挥着越来越突出的作用。

随着节庆的举办，小龙虾文化也得到传承，湖北潜江连续 3 年举办龙虾·虾稻产业博览会。2019 年第三届博览会展览面积为 14 500 米^2，共规划小龙虾一二三产业展区、小龙虾产业衍生产品展区、全球小龙虾美食推介展区等 7 个展区，参展企业有 262 家，展位数达 585 个。据统计，博览会参会观众达 2.8 万人次，其中，专业观众 9 200 人，外地客商 2 305 人，意向签约 7.2 亿元②。此外，潜江全力打造了全国知名的小龙虾文化创意旅游中心，以“龙虾+旅游”为载体，推出 4 条“魅力虾乡一日游”线路，彰显潜江龙虾农耕、饮食、节庆、生态等文化。同时还以龙虾产业为特色、龙虾文化为主线、龙头企业为带动、绿色生态为保障，集科技研发、生产加工、冷链物流、休闲观光和文化旅游等于一体，打造龙虾特色小镇③。

5. 品牌宣传

随着小龙虾产业的发展，品牌培育愈发受到重视。近年来各产区着力打造了一批小龙虾区域公共品牌。如安徽省的“滁州全椒龙虾”“合肥龙

---

① 资料来源：潜江市农业农村局——工作动态，http://qjjcj.gov.cn/nygzdt/20190619/181921.html。

② 资料来源：潜江市人民政府，第十届湖北潜江国际龙虾节暨第三届虾稻产业博览会开幕，搜狐新闻网（2019-06-20）。

③ 资料来源：潜江市农业农村局——工作动态，http://qjjcj.gov.cn/nygzdt/20190129/172514.html。

虾”；江苏省的“盱眙小龙虾”；湖南省的“南县小龙虾”；湖北省的“荆州闸口小龙虾”“潜江龙虾”。在打造地方区域品牌的同时，企业也纷纷创建和培育自主品牌，如湖北省的“楚江红”“霸气龙虾”等，江苏省的“太明龙虾”“红透龙虾”等，湖南省的“渔家姑娘”“大虾驾到”等，江西省的“海浩”“峡江”“鄱湖”等，一大批企业品牌影响力和知名度持续提升（表5-4）。主产区以外的其他地区也创建了许多知名小龙虾企业自主品牌，例如北京市的“星农联合”“热辣生活”；山东省的“虾嗨青年”“辣否”；广东省的“堕落虾”“松哥油焖大虾”；浙江省的“阿青龙虾”“吴记龙虾”等。

表5-4　小龙虾主产区的品牌培育情况

品牌类型	湖北省	安徽省	江苏省	江西省	湖南省
区域品牌	潜江小龙虾 荆州闸口小龙虾	合肥龙虾 全椒龙虾	盱眙小龙虾 金湖小龙虾 邵伯小龙虾等	鄱阳湖小龙虾	南县小龙虾
企业品牌	楚江红 霸气龙虾 虾皇 洪湖渔家 良仁 龙庆湖等	农家宜龙虾 皖金江龙虾 秋江龙虾缘等	宝龙龙虾 於氏龙虾 太明龙虾 红透龙虾 红胖胖龙虾 满江红龙虾等	海浩 峡江 鄱湖 柘林湖 绿富美 湖家妹	渔家姑娘 大虾驾到 有间虾铺

就潜江市而言，尽管“潜江龙虾”已荣获国家地理标志商标、中国驰名商标，被列为中欧互认免检农产品地理标志产品，潜江市仍采取了一系列措施积极巩固优质品牌形象、深化良好口碑印象，不断提升“潜江龙虾”的知名度和影响力。2019年5月，潜江市投放了“潜江龙虾”高铁列车广告，举行了“潜江龙虾”冠名高铁列车首发仪式；成功举办第三届香港潜江龙虾节；6月1日起“潜江龙虾，红遍天下”主题广告在央视播出4个月；成功举办第十届湖北潜江国际龙虾节暨第三届虾稻产业博览会，其中“潜江龙虾——中国区域公用品牌论坛”发布潜江龙虾的区域品牌价值203.7亿元，

成功登顶中国龙虾区域品牌第一名，成为全国区域品牌前十名[①]。潜江龙虾在第三届中国国际现代渔业暨渔业科技博览会上荣获特色渔业优势区域奖。目前，潜江市建成了全国最大的以龙虾文化为主题、集生态度假旅游、龙虾美食、文化展示、娱乐购物于一体的生态龙虾城，聚集了以“虾皇”“味道工厂”“小二上虾”等为代表的潜江龙虾餐饮名店，截至2019年上半年，全市小龙虾餐饮店达3 000家[②]，主要的企业品牌见表5－5。

表5－5　潜江市品牌培育情况

区域品牌		潜江龙虾（中国驰名商标）
企业品牌	加工品牌	楚江红、良仁等
	餐饮品牌	虾皇、味道工厂、小李子、小二上虾等
	电商品牌	霸气龙虾、虾小弟、虾皇、楚虾王、翼之虾等

6. 人才培养

近些年小龙虾产地也越来越注重人才的培养，2017年7月，江汉艺术职业学院成立潜江龙虾学院，下设餐饮管理、烹调工艺与营养、市场营销三个普通大专学历专业，学制两年。作为潜江市“十三五”规划中的“万师千店”工程的重要组成部分，该校专业体系完善，从龙虾养殖到龙虾烹饪技术，自主研发促进教学的厨具；从烹饪工艺到市场营销，自创品牌加盟店；职业技能培训与学历教育并重，培养专业的小龙虾行业从业者。同时，借助学院自有的就业网络和小龙虾实体店加盟品牌、众创空间的优势资源，帮助学员实现高薪就业和创业致富。

2019年小龙虾学院的首批学生届时毕业，35名在校生还未毕业就被“预定一空”，据悉其中有11人被成都的餐饮企业预定，1人在北京簋街的一家餐饮企业就业，6人选择了自主创业，其余学员也分别在重庆等地就

① 资料来源：潜江市农业农村局网站——规划总结，http：//qjjcj.gov.cn/nyghzj/20190628/186072.html。

② 资料来源：潜江市农业农村局网站——规划总结，http：//qjjcj.gov.cn/nyghzj/20190628/186072.html。

业，就业率达到了 100%。烹饪工艺与营养专业的学生薪资能够达到6 000～12 000 元[①]。

四、我国小龙虾养殖的成本收益分析——以潜江为例

1. 小龙虾养殖成本收益分析数据与成本指标解释

（1）数据来源

本部分研究的数据由国家虾蟹产业技术体系产业经济研究团队于 2017 年 11 月至 2019 年 12 月深入潜江小龙虾养殖基地，对小龙虾养殖户进行实地调研获取。总样本共计 138 户，其中有效样本 120 户，有效样本占比为 75%，其中 2019 年有效数据 30 户，2018 年有效数据 70 户，2017 年有效数据 20 户。

（2）相关指标解释

①虾苗费用。虾苗通常采取初期一次性投入方式，后期将根据捕捞量（即产量）估计的小龙虾密度来判断是否继续投苗。投放量一般为每亩 100 斤，虾苗价格在 7～13 元/斤不等，虾苗成活率取决于养殖水平、气候条件、水体质量等综合影响因素。目前养殖小龙虾虾苗分为两种：一种是塘口苗，是秋天捕捞后留下的，该类苗成活率较高；另一种是野生苗，即从藕塘、沟渠等捕捞，由于该类苗用药情况不清楚，成活率较低。由于小龙虾虾苗运输时间长短对存活率有一定的影响，一般本地虾苗成活率较高，外地虾苗存活率较低。除此之外也有少量自育虾苗，虾苗的培育周期一般为 1～2 个月，购买亲虾的成本约 20 元/斤。

②饲料费用。小龙虾是杂食性动物，饲料主要有三种，分别是配合饲料、鲜活饲料和辅料。小龙虾养殖较多采用人工配合饲料，主要品牌有加益加、恒心、正邦、正大、华美明盛、国雄、海大、扶龙等，价格相差不大，在 2.25～2.5 元/斤，其他饲料还包括黄豆（2 元/斤）等植物蛋白。

③虾药费用。虾药主要有两方面用途，一是虾病防治，二是水质改良。虾病主要包括寄生虫感染、钙质缺乏等，防治手段多为生石灰消毒，以预防

① 资料来源：潜江市农业农村局网站——工作动态，http：//qjjcj.gov.cn/nygzdt/20190701/182744.html。

为主，配合以水质改良和水草种植，水质改良主要包括改底和调水两种方式。养殖周期内农户较多使用水体消毒剂、水质改良剂或内服抗菌剂来防治病害和改良水质，也有使用寄生虫驱杀剂、中草药的，使用次数6～15次不等。根据使用情况，虾药费用为每亩50～200元不等。

④水电费用。养殖小龙虾的水电费根据每个养殖户的养殖需求不同有所差异，水费一般在每亩80～100元，电费一般为每亩20～50元不等。

⑤种草费用。种草可以改良水质、增加溶氧量，为小龙虾提供遮阴场所。通常一年种植一次，养殖户大多种草1～3种，水草品种有吃不败、水花生、伊乐藻、水葫芦等，种草费用在每亩20元左右。

⑥其他费用。其他费用包括渔业保险费用、清塘费用、仓储和装卸费用等。在调查对象中目前还没有养殖户参加渔业保险。由于小龙虾市场在大多情况下供不应求，属于"卖方市场"，不愁销路，所以也没有仓储和装卸费用，一般都是即捕即卖，而且由收购中间商承担装卸费用。因此清塘费用是其他费用中的主要项目，为了保持养殖环境稳定，清塘一般1年1次，费用通常在每亩500元左右。

⑦临时员工工资。虾稻共作仅需在插秧和捕虾时用工，通常500亩地仅需要人工2～3人，插秧费用为每亩300元；捕虾多为散户自抓，收虾人工费为150元/天。

⑧用地费用。潜江地区多数养殖户为租赁土地，租金每亩500～700元不等，少数养殖户使用自家承包地，无租赁费用。

⑨利息支出。潜江地区多为扶贫贷款，即无息贷款，仅个别养殖户存在民间借贷，贷款利息平均为1 500元/年。

⑩设备维修费用。设备维修是指养殖设备的维修、定期保养和更新。

⑪固定资产折旧费用。固定资产支出分为两大类，一类是建设费用，另一类是养殖器械支出。关于建设费用，稻田养殖模式有稻田改造费用和塘口简易房建造费用，池塘养殖模式有池塘建造费用。养殖户根据各自的改造需求和建造要求的不同，其费用支出也各不相同。其中稻田改造成本在700～25 000元，简易房建造成本在150～12 000元不等，池塘建造成本在5 000～12 000元，平均可使用年限为10年。关于养殖设备支出，包括抽水泵、电

线、水管等，总花费在 1 600～2 000 元，平均可使用年限为 5 年。还包括捕虾设备和工具支出，如防逃网、地笼、装虾箱、船只等。其中地笼费用 20～30元/个，防逃网 1.7～1.8 元/米，装虾箱 13～15 元/个，船只 700～800元/只，平均可用 3～5 年。

2. 2019 年小龙虾养殖成本收益分析

（1）成本分析

根据调查数据，小龙虾养殖成本构成如表 5－6 所示，2019 年小龙虾养殖的年均成本投入约为 1 904 元/亩。在成本构成中，可变成本是主要支出项目，占 71.66%，其中虾苗和饲料支出所占比重较大，虾苗亩均成本约为 730 元，占总成本的 38.41%；饲料亩均成本约为 447 元，占总成本的 23.47%，这两项主要支出占总支出的 61.88%。固定成本所占比例相对于可变成本较小，占比 28.34%。其中占比最高的是土地租金，亩均成本约为 386 元，占比 20.26%，其次是固定资产折旧，亩均成本约为 136 元，占总成本的比例为 7.15%。

表 5－6　2019 年小龙虾养殖亩均成本及构成

成本项目		金额（元）	占总成本比例（%）
可变成本	虾苗	731.33	38.41
	饲料	446.81	23.47
	虾药	66.71	3.50
	水电	54.10	2.84
	种草费用	16.73	0.88
	其他费用	12.96	0.68
	临时员工工资	35.59	1.87
	小计	1 364.23	71.66
固定成本	土地租金	385.67	20.26
	利息支出	10.67	0.56
	设备维修	7.18	0.38
	固定资产折旧	136.13	7.15
	小计	539.65	28.34
总成本	合计	1 903.88	100.00

数据来源：根据调查数据计算得出。

（2）收益分析

小龙虾的产量一般根据其捕捞量预估，经估算，2019 年养殖户养殖小龙虾亩平均产量约为 187 斤，小龙虾成虾的塘边销售价格平均为 12.62 元。表 5－7 是 2019 年小龙虾的养殖收益情况，可以看出 2019 年养殖小龙虾每亩总收入约为 2 200 元，每亩总成本约为 1 904 元，每亩净利润约为 297 元，可见 2019 年养殖户的平均收益与往年相比并不理想。从成本利润率 15.58%和销售利润率 13.48%可以看出，养殖户获取利润所付出的成本较高，养殖销售获利水平一般、盈利能力一般。

表 5－7　2019 年小龙虾养殖收益状况

项　目	指标
总成本（元/亩）	1 903.88
总收入（元/亩）	2 200.41
净利润（元/亩）	296.53
成本利润率（%）	15.58
销售利润率（%）	13.48

（3）不确定性分析

表 5－8 为 2019 年小龙虾养殖盈亏平衡分析结果，2019 年盈亏平衡产量为 101.14 斤/亩，小于实际生产能力 187.33 斤/亩，盈亏平衡点对现有生产能力利用率为 53.99%，同时实际销售塘边价格为 12.62 元/斤，与盈亏平衡价格 10.16 元/斤，相差 2.46 元/斤，说明在市场价格出现较大波动以及不确定性因素发生时，小龙虾养殖抵抗风险的能力较弱。

表 5－8　2019 年小龙虾养殖盈亏平衡状况

项　目	指标
盈亏平衡产量（斤/亩）	101.14
实际生产能力（斤/亩）	187.33
盈亏平衡点对现有生产能力利用率（%）	53.99
盈亏平衡价格（元/斤）	10.16
实际销售价格（元/斤）	12.62
实际销售价格与盈亏平衡价格之差（元/斤）	2.46

表 5－9 是 2019 年小龙虾养殖的净利润对不同影响因素的敏感系数。从净利润敏感系数的绝对值来看，2019 年，净利润对于价格的敏感系数是最高的，为 5.14，其次是可变成本，敏感系数绝对值为 4.60，最后是固定成本，敏感系数绝对值为 1.82，说明在保持其他影响因素不变的情况下价格和可变成本的变动引起净利润的变动程度是较大的，这与前文成本构成分析的结果相对应，与可变成本占比高于固定成本相关。同时从图 5－16 小龙虾养殖净利润敏感性分析图中直线与水平轴的夹角大小，也可以看出净利润对价格的变动最敏感，其次是可变成本，最后是固定成本。

表 5－9　2019 年小龙虾养殖净利润影响因素的敏感系数

项　目	敏感系数
固定成本	－1.82
可变成本	－4.60
价格	5.14

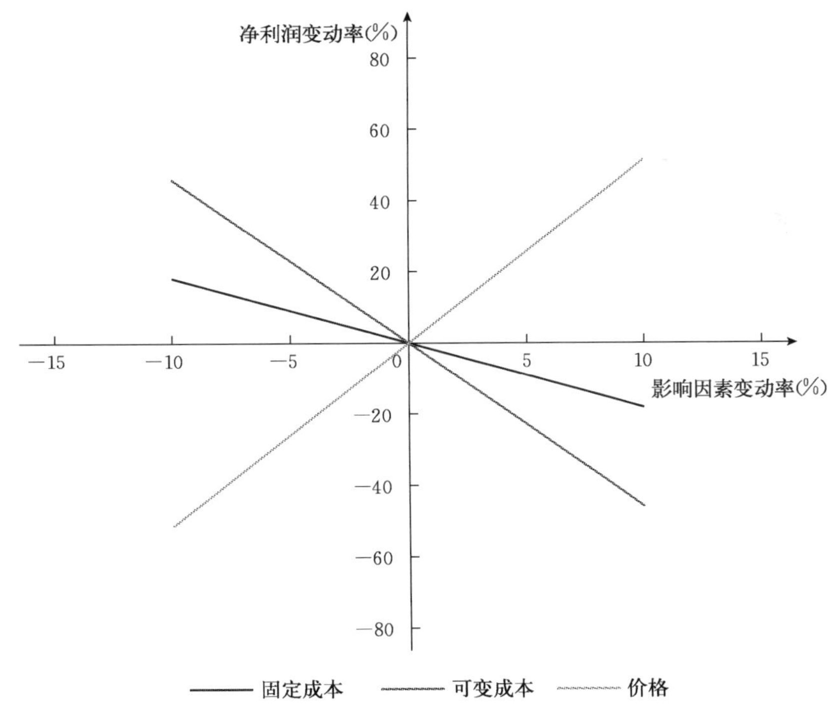

图 5－16　2019 年小龙虾养殖净利润敏感性分析

3. 2018 年小龙虾养殖成本收益分析

(1) 成本分析

根据调查数据，2018 年小龙虾养殖成本构成如表 5－10 所示，2018 年小龙虾养殖的亩均成本投入约为 2 848 元。在成本构成中，可变成本是主要支出项目，占总成本的 75.69%，其中饲料和虾苗支出所占比重较大，饲料亩均成本约为 1 054 元，占 37.01%；虾苗亩均成本约为 661 元，占 23.21%，这两项支出占总支出的 60.22%。固定成本所占比例相对于可变成本较小，占总成本的 24.31%，其中占比最高的是土地租金，亩均成本约为 511 元，占 17.95%，其次是固定资产折旧，亩均成本约为 166 元，占 5.83%。

表 5－10　2018 年小龙虾亩均养殖成本及构成

成本项目		金额（元）	占总成本比例（%）
可变成本	虾苗	660.98	23.21
	饲料	1 054.07	37.01
	虾药	195.25	6.86
	水电	73.76	2.59
	种草费用	16.69	0.59
	其他费用	114.72	4.03
	临时员工工资	40.31	1.42
	小计	2 155.78	75.69
固定成本	土地租金	511.32	17.95
	利息支出	3.44	0.12
	设备维修	11.47	0.40
	固定资产折旧	165.99	5.83
	小计	692.22	24.31
总成本	合计	2 848	100.00

资料来源：根据调查数据计算得出。

(2) 收益分析

2018 年养殖户养殖小龙虾亩均产量约为 292 斤，小龙虾成虾的塘边销售价格平均为 15.62 元，最高价为 27.43，最低价为 9.43。表 5－11 是 2018

年小龙虾养殖收益情况，每亩总收入约为 4 297 元，每亩总成本为 2 848 元，每亩净利润约为 1 449 元，养殖小龙虾具有显著的经济效益。同时从成本利润率 50.89%和销售利润率 33.73%可以看出，养殖户获取利润所付出的成本较少，成本费用控制得较好，养殖销售获利水平较高，盈利能力较强。

表 5－11　2018 年小龙虾养殖收益状况

项　目	指标
总成本（元/亩）	2 848
总收入（元/亩）	4 297.37
净利润（元/亩）	1 449.37
成本利润率（%）	50.89
销售利润率（%）	33.73

（3）不确定性分析

表 5－12 为 2018 年小龙虾养殖盈亏平衡分析结果，2018 年盈亏平衡产量为 84.01 斤/亩，实际生产能力 292.10 斤/亩，盈亏平衡点对现有生产能力利用率为 28.76%，同时实际销售价格 15.62 元/斤，盈亏平衡价格 9.75 元/斤，相差 5.87 元/斤，说明在市场价格出现较大波动以及不确定性因素发生时，小龙虾养殖具有一定的抵御风险的能力。

表 5－12　2018 年小龙虾养殖盈亏平衡状况

项　目	指标
盈亏平衡产量（斤/亩）	84.01
实际生产能力（斤/亩）	292.10
盈亏平衡点对现有生产能力利用率（%）	28.76
盈亏平衡价格（元/斤）	9.75
实际销售价格（元/斤）	15.62
实际销售价格与盈亏平衡价格之差（元/斤）	5.87

表 5－13 是 2018 年小龙虾养殖的净利润对不同影响因素的敏感系数。从敏感系数的绝对值来看，净利润对于价格的敏感系数是最高的，为 2.66，

大于固定成本的敏感系数 0.48 和可变成本的敏感系数 1.49，说明在保持其他影响因素不变的情况下，价格的变动引起的净利润变动程度是最大的，其次是可变成本，最后是固定成本。这与前文成本构成分析的结果相对应，与可变成本占比相对于固定成本较高有关。同时，从图 5－17 小龙虾养殖净利润敏感性分析图中直线与水平轴的夹角大小，也可以看出净利润对价格的变动最敏感，其次是可变成本，最后是固定成本。

表 5－13　2018 年小龙虾养殖净利润影响因素的敏感系数

项　目	敏感系数
固定成本	－0.48
可变成本	－1.49
价格	2.66

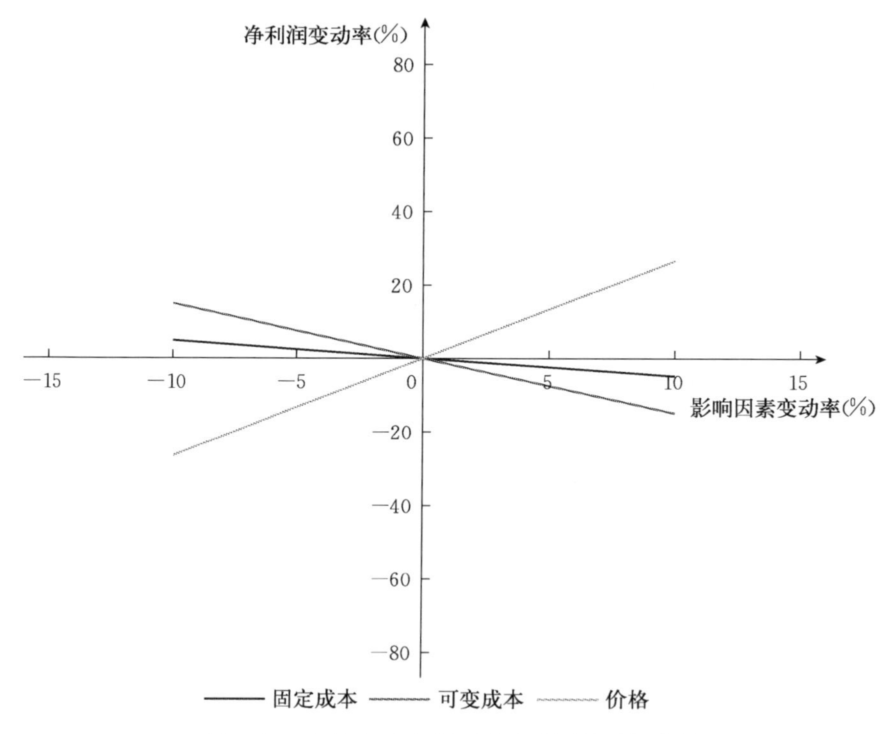

图 5－17　2018 年小龙虾养殖净利润敏感性分析

4. 2017 年小龙虾养殖成本收益分析

（1）成本分析

根据调查数据，2017 年小龙虾养殖成本构成如表 5－14 所示，2017 年小龙虾稻田养殖的亩均成本投入约为 2 562 元。在成本构成中，可变成本是主要支出项目，占总成本的 74.62%，其中饲料和虾苗支出所占比重较大，饲料亩均成本约为 957 元，占 37.36%，虾苗亩均成本约为 627 元，占 24.47%，这两项支出占总支出的 61.83%。固定成本所占比例相对于可变成本较小，占总成本的 25.38%。其中所占比重较高的是土地租金，亩均成本约为 466 元，占 18.17%，其次是固定资产折旧，亩均成本约为 159 元，占比为 6.19%。因此，提高养殖效益的重点在于通过提高饲料利用效率和虾苗成活率来降低养殖成本。

表 5－14　2017 年小龙虾亩均养殖成本及构成

成本项目		金额（元）	占总成本比例（%）
可变成本	虾苗	626.90	24.47
	饲料	957.36	37.36
	虾药	148.61	5.80
	水电	65.17	2.54
	种草费用	10.53	0.41
	其他费用	44.99	1.76
	临时员工工资	58.48	2.28
	小计	1 912.04	74.62
固定成本	土地租金	465.64	18.17
	利息支出	11.70	0.46
	设备维修	14.19	0.55
	固定资产折旧	158.68	6.19
	小计	650.21	25.38
总成本	合计	2 562.25	100.00

资料来源：根据调查数据计算得出。

（2）收益分析

2017 年养殖户养殖小龙虾亩平均产量为 372.64 斤，小龙虾成虾的塘边销售价格平均为 14.33 元。表 5－15 是小龙虾养殖的收益情况，可以看出 2017 年养殖小龙虾每亩总收入为 4 539.54 元，每亩总成本为 2 562.25 元，每亩净利润是 1 977.29 元。同时，从成本利润率 77.17％和销售利润率 43.56％可以看出，养殖户获取一定利润所付出的成本较少，成本费用控制得较好，养殖销售获利水平较高，盈利能力较强。

表 5－15　2017 年小龙虾养殖收益状况

项　目	指标
总成本（元/亩）	2 562.25
总收入（元/亩）	4 539.54
净利润（元/亩）	1 977.29
成本利润率（％）	77.17
销售利润率（％）	43.56

（3）不确定性分析

表 5－16 为 2017 年小龙虾稻田养殖盈亏平衡分析结果，2017 年每亩盈亏平衡产量为 70.68 斤，远远低于实际生产能力 372.64 斤，盈亏平衡点对现有生产能力利用率为 18.97％；同时实际销售价格 14.33 元/斤，远高于盈亏平衡价格 6.88 元/斤，相差 7.45 元/斤，说明在市场价格出现较大波动以及不确定性因素发生时，小龙虾养殖具有较强的抵御风险能力。

表 5－16　2017 年小龙虾养殖盈亏平衡状况

项　目	指标
盈亏平衡产量（斤/亩）	70.68
实际生产能力（斤/亩）	372.64
盈亏平衡点对现有生产能力利用率（％）	18.97
盈亏平衡价格（元/斤）	6.88
实际销售价格（元/斤）	14.33
实际销售价格与盈亏平衡价格之差（元/斤）	7.45

表 5－17 是 2017 年小龙虾养殖的净利润对不同影响因素的敏感系数。从净利润敏感系数的绝对值来看，2017 年，净利润对于价格的敏感系数是

最高的，为 1.92，大于固定成本的敏感系数 0.33 和可变成本的敏感系数 0.97，说明在保持其他影响因素不变的情况下，价格的变动引起的净利润变动程度是最大的，其次是可变成本，最后是固定成本。这也与前文成本构成分析的结果相对应，与可变成本相对于固定成本较高有关。同时从图 5－18 小龙虾养殖净利润敏感性分析图中直线与水平轴的夹角大小，也可以看出净利润对价格的变动最敏感，其次是可变成本，最后是固定成本。

表 5－17　2017 年小龙虾养殖净利润敏感系数

项　目	敏感系数
固定成本	－0.33
可变成本	－0.97
价格	1.92

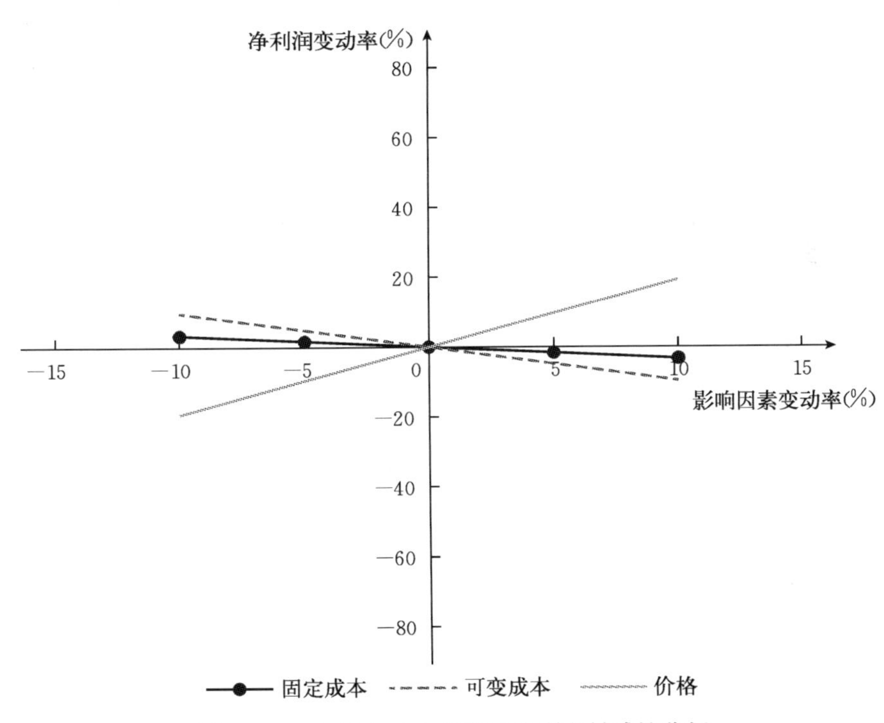

图 5－18　2017 年小龙虾养殖净利润敏感性分析

5. 2017—2019 年小龙虾养殖成本收益对比分析

（1）成本分析

表 5－18 是 2017—2019 年小龙虾养殖的成本构成情况。在总成本方面，2017 年、2018 年和 2019 年小龙虾养殖每亩总成本分别约为 2 562 元、2 848 元和 1 904 元。其中 2018 年亩均总成本最高，其次是 2017 年，2019 年亩均总成本最低。在总成本结构方面，2017 年、2018 年和 2019 的可变成本在总成本中所占比例分别为 74.62％、75.69％、71.66％，固定成本在总成本中所占的比例分别为 25.38％、24.31％、28.34％。如表 5－18 中显示，虽然各项费用支出在三年中存在一定差异，但可变成本与固定成本的比例变化并不显著，而且可变成本都远远高于固定成本。

表 5－18　近三年小龙虾养殖的成本构成

成本项目		2017 年		2018 年		2019 年	
		金额（元/亩）	占总成本比例（％）	金额（元/亩）	占总成本比例（％）	金额（元/亩）	占总成本比例（％）
可变成本	虾苗	626.90	24.47	660.98	23.21	731.33	38.41
	饲料	957.36	37.36	1 054.07	37.01	446.81	23.47
	虾药	148.61	5.80	195.25	6.86	66.71	3.50
	水电	65.17	2.54	73.76	2.59	54.10	2.84
	种草费用	10.53	0.41	16.69	0.59	16.73	0.88
	其他费用	44.99	1.76	114.72	4.03	12.96	0.68
	临时员工工资	58.48	2.28	40.31	1.42	35.59	1.87
	小计	1 912.04	74.62	2 155.78	75.69	1 364.23	71.66
固定成本	土地租金	465.64	18.17	511.32	17.95	385.67	20.26
	利息支出	11.70	0.46	3.44	0.12	10.67	0.56
	设备维修	14.19	0.55	11.47	0.40	7.18	0.38
	固定资产折旧	158.68	6.19	165.99	5.83	136.13	7.15
	小计	650.21	25.38	692.22	24.31	539.65	28.34
总成本		2 562.25	100.00	2 848	100.00	1 903.88	100.00

数据来源：根据调查数据计算得出。

亩均可变成本，2017 年、2018 年和 2019 年分别约为 1 912 元、2 156 元和 1 364 元。就可变成本构成而言，三年可变成本中虾苗和饲料均为最主要的支出项，两项支出合计分别占总成本的 61.83%、60.22%、61.88%。其中 2017 年和 2018 年中饲料费用支出最高，分别为 957.36 元和 1 054.07 元，占比分别为 37.36%和 37.01%，其次是虾苗费用支出分别为 626.90 元和 660.98 元，占比 24.47%、23.21%，而 2019 年恰好相反，虾苗费用支出最高，金额为 731.33 元，占比 38.41%，饲料费用次之，金额为 446.81 元，占比 23.47%。此外，其他的可变成本支出三年相差不大，但 2019 年较其前两年成本明显有所下降。

亩均固定成本，2017 年、2018 年和 2019 年分别约为 650 元、692 元和 540 元。就固定成本构成而言，土地租金为最主要的支出费用，三年支出费用分别为 465.64 元、511.32 元和 385.67 元，分别占总成本的 18.17%、17.95%和 20.26%。其次是固定资产折旧，2017 年、2018 年和 2019 年分别为 158.68 元、165.99 元和 136.13 元，分别占总成本的 6.19%、5.83%和 7.15%。

（2）收益分析

表 5－19 是 2017—2019 年小龙虾的产量及收益状况，2017 年小龙虾养殖亩产量约为 373 斤，小龙虾的塘边销售均价为 14.33 元；2018 年亩产量约为 292 斤，塘边均价为 15.62 元；2019 年亩产量约为 187 斤，塘边均价为 12.62 元。可以看出三年的亩产量中，2017 年最高，其次是 2018 年；在三年的平均价格中，2018 年为最高，2017 年其次。不论是亩产量还是平均价格 2019 年都是最低的。

表 5－19　2017—2019 年小龙虾养殖单产及价格比较

项　目	2017 年	2018 年	2019 年
亩产量（斤）	372.64	292.10	187.33
平均塘边价格（元/斤）	14.33	15.62	12.62

表 5－20 是 2017—2019 年小龙虾养殖的收益状况。从每亩净利润看，2017 年最高，为 1 977.29 元，其次是 2018 年，为 1 449.36 元，最低是

2019 年，每亩净利润仅 296.52 元。从成本利润率和销售利润率来看，从高到低依次是 2017 年、2018 年、2019 年，成本利润率分别为 77.17%、50.89%、15.58%，销售利润率分别为 43.56%、33.73%、13.48%。可见 2017 年和 2018 年小龙虾养殖销售获利水平较高，盈利能力较强。而 2019 年销售获利水平与盈利能力一般，2019 年养殖户的平均收益与往年相比并不理想。

表 5-20　2017—2019 年小龙虾养殖收益比较

项　目	2017 年	2018 年	2019 年
总成本（元/亩）	2 562.25	2 848.01	1 903.89
总收入（元/亩）	4 539.54	4 297.37	2 200.41
净利润（元/亩）	1 977.29	1 449.36	296.52
成本利润率（%）	77.17	50.89	15.57
销售利润率（%）	43.56	33.73	13.48

(3) 不确定性分析

表 5-21 为 2017—2019 年小龙虾养殖的盈亏平衡状况，从表中可知，2017 年、2018 年和 2019 年的盈亏平衡产量分别为 70.68 斤/亩、84.01 斤/亩、101.14 斤/亩，盈亏平衡产量对现有生产力的利用率，2017 年、2018 年和 2019 年分别为 53.99%、28.76%、18.97%。盈亏平衡价格分别为 6.88 元/斤、9.75 元/斤和 10.16 元/斤，销售价格与盈亏平衡价格之间的差额分别为 7.45 元/斤、5.87 元/斤和 2.46 元/斤。可以看出，在市场价格出现较大波动的情况下，虽然 3 年都具有抵御市场风险的能力与空间，但相比之下，2017 年和 2018 年抵御市场风险的空间较大、能力较强，2019 年则大幅度降低。

表 5-21　2017—2019 年小龙虾养殖盈亏平衡状况

项　目	2017 年	2018 年	2019 年
盈亏平衡产量（斤/亩）	70.68	84.01	101.14
实际生产能力（斤/亩）	372.64	292.10	187.33
盈亏平衡点对现有生产能力利用率（%）	18.97	28.76	53.99
盈亏平衡价格（元/斤）	6.88	9.75	10.16
实际销售价格（元/斤）	14.33	15.62	12.62
实际销售价格与盈亏平衡价格之差（元/斤）	7.45	5.87	2.46

表 5－22 是 2017—2019 年小龙虾养殖净利润的敏感系数对比。可以看出 3 年的净利润对于销售价格的敏感系数都是最高的，说明在保持其他影响因素不变的情况下销售价格的变动引起的净利润变动程度是最大的，其次是可变成本，固定成本的敏感系数是最低的。从净利润对固定成本的敏感系数的绝对值来看，2017 年最小为 0.33，其次是 2018 年为 0.48，最大的是 2019 年为 1.82；从净利润对可变成本敏感系数的绝对值来看，排名从低到高依次是 2017 年、2018 年、2019 年，分别为 0.97、1.49、4.60；从净利润对价格的敏感系数来看，依然是 2017 年最低，为 1.92，其次是 2018 年，为 2.66，2019 年最高，为 5.14。综合来看，在同等情况下，若某一影响因素发生变动，2017 年的净利润变化程度是最小的，表明其对市场风险的抵御能力相对较强。而 2019 年对于各影响因素的变动是最敏感的，表明其抵御市场风险的能力相对较弱。

表 5－22 2017—2019 年小龙虾养殖净利润敏感系数

项 目	2017 年	2018 年	2019 年
固定成本	－0.33	－0.48	－1.82
可变成本	－0.97	－1.49	－4.60
价格	1.92	2.66	5.14

从以上的成本收益分析和不确定性分析可以看出，相对于 2019 年，2017 年与 2018 年养殖小龙虾获取相应收益的投入较小，成本费用控制得较好，养殖销售获利水平较高，整体盈利能力较强，同时对于市场风险和不确定性因素的抵御能力较强、缓冲空间较大。2019 年受虾苗种质退化和市场行情下降等因素影响，一些新进入养殖户产生较大亏损，从而导致 2019 年整体盈利能力较弱。从前文的分析也可以看到，尽管 2019 年养殖成本最低，但盈亏平衡产量和盈亏平衡价格均高于前两年，盈亏平衡点对实际生产能力的利用率大幅度提高，实际价格与盈亏平衡价格的差额大幅度下降，这些均导致了小龙虾养殖的风险抵御能力下降，包括对市场风险的抵御能力。

五、我国小龙虾出口现状

1. 小龙虾出口规模

如图 5－19 所示，自 2012 年以来，直到 2014 年，我国小龙虾出口量与出口额保持持续稳定增长，2015 年受国内消费刺激及技术性贸易壁垒影响，小龙虾出口量出现下降趋势，比 2014 年减少 33％，2016 年小龙虾出口量有小幅度上升，较 2015 年增长 16.92％，然而之后又一路下跌。2017 年，受欧盟对中国小龙虾产品进口关税调整、美国对中国小龙虾仁反倾销调查以及国内原料虾价格上涨等因素影响，大部分小龙虾加工企业将精力转向增长较快的国内消费市场，使我国小龙虾出口量再次下跌；2018 年，受国际贸易形势及国内原料市场变化等因素的影响，我国小龙虾出口量跌至 1.08 万吨，较 2017 年减少 1.83 万吨，同比减少 62.67％，出口额跌至 1.88 亿美元，较 2017 年下降 0.27 亿美元，同比减少 12.56％。令人可喜的是，2018 年小龙虾出口平均单价为 17.38 美元/千克，比 2017 年上涨 6.13 美元，同比增长 54.49％（图 5－19）。

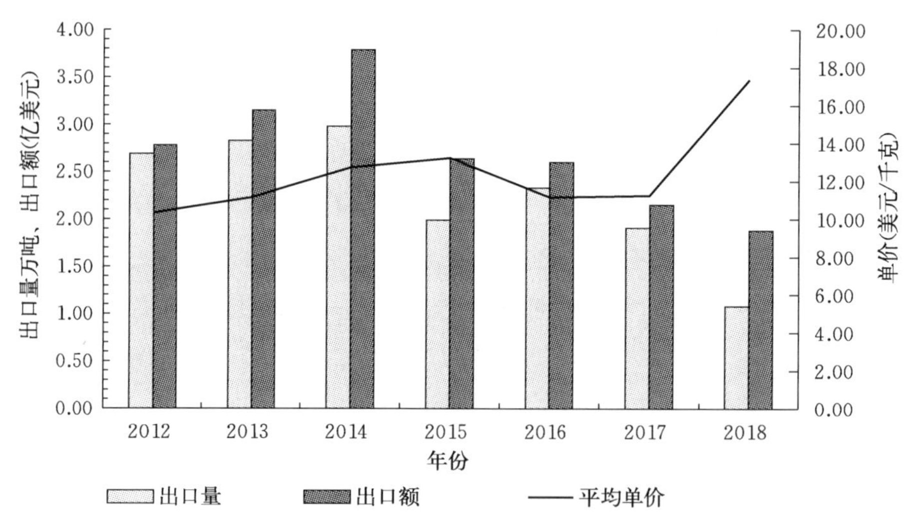

图 5－19　我国小龙虾出口规模与价格变动趋势

（资料来源：中国海关总署）

由于加工原料需求，我国除了小龙虾出口，还有部分加工企业进口一定数量的原料小龙虾。从绝对量来看，2012年到2018年这7年里我国小龙虾进口量增长迅速，2018年进口量是2012年的741倍，2018年进口额是2012年的390倍，80%的进口小龙虾来自埃及①。2018年，我国小龙虾进口量约为2 394吨、进口额约为800万美元，较2017年分别增加了66.73%、17.33%。其中，进口埃及的小龙虾约为2 162吨、635万美元。

2. 小龙虾出口结构

小龙虾是我国淡水渔业出口创汇的主导产品之一。目前小龙虾出口市场主要集中在美国和欧洲，占出口市场比重的90%以上。其中2018年出口美国的小龙虾约5 490吨，出口额9 625万美元，占总出口量和出口额的一半以上；出口丹麦、瑞典、荷兰、英国、比利时、德国等欧洲国家的小龙虾约为4 290吨，占39.73%，出口额7 663万美元，占42.57%；出口日本的小龙虾约200吨，占1.85%，出口额412万美元，占2.29%；出口其他地区的小龙虾约818吨，占7.57%，出口额300万美元，占1.67%（图5-20）。

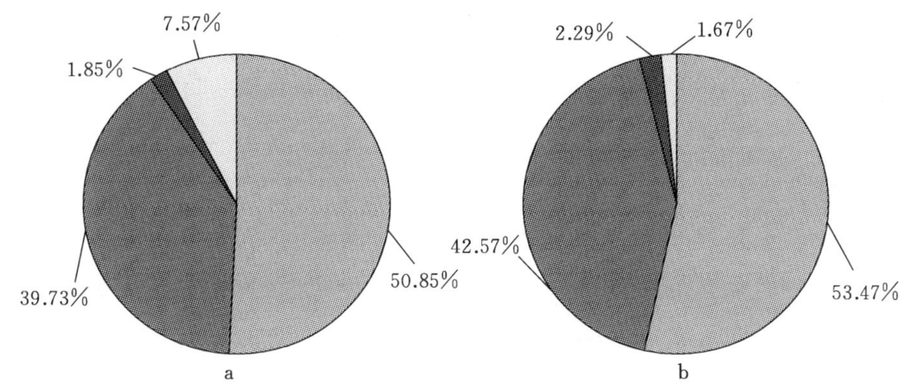

图5-20 2018年我国小龙虾出口地区结构

a. 出口量 b. 出口额

（资料来源：中国海关总署）

① 资料来源：农业农村部渔业渔政管理局等，《中国小龙虾产业发展报告（2019）》。

六、我国小龙虾产业发展与政策扶持

为了促进小龙虾产业持续健康发展，我国很多省市相继发布了小龙虾产业规划或指导意见（表 5－23），据不完全统计，2018 年，全国各地新出台专门针对小龙虾产业或以小龙虾产业为主体的指导意见、产业规划等各类政策扶持性文件近 30 个①。目前出台的文件多以鼓励和扶持产业发展为主，扶持方向以稻虾综合种养为主并开始向全产业链延伸，扶持方式呈现多样化，除财政资金支持、发展规划落实外，金融支持等方式应用逐渐增加，此外，各地区更加注重科技的支撑作用，对科研和技术示范推广的支持力度加大。

各地区在强化政策引导的同时也加大了配套项目资金扶持力度，并整合涉农扶贫资金用于小龙虾产业发展。江西省 2018 年财政投入资金超过 10 亿元；湖北省各类经营主体年投入资金合计超过 50 亿元。在财政资金投入方式上，“以奖代补”得到越来越多的运用，如湖北省已有 30 多个市县出台了“以奖代补”扶持政策。各地还积极创新了小龙虾金融支持服务方式，主要以专项贷款和对保险进行补贴为主。例如湖北省潜江市金融机构为小龙虾养殖量身打造了“欣农贷”产品，可为养殖户提供 3 万～30 万信贷额度，通山县将小龙虾养殖纳入农业保险范畴，县财政安排专项资金作为保险补助经费；江苏省开展稻田养殖小龙虾互助保险，发放小龙虾养殖专项贷款，盱眙县试水互联网金融，开发“都粮 E 贷”，线上即可办理 30 万元以下贷款；湖南省鼓励支持种养户购买“稻虾种养保险”，对新发展的种养基地统一投保，保费由政府补贴 50％；江苏、湖北、湖南等省为小龙虾养殖提供政策性保险的市县持续增加，财政补贴保费最低为 30％，最高可达 80％。

除此之外，各地还启动实施了一系列科研和推广项目。随着稻虾综合种养的蓬勃发展，各地政府越来越重视发挥科技在稳粮、提质、增效方面的作用，通过创建集研发、培训、示范、推广为一体的示范基地，将“产学

---

① 资料来源：农业农村部渔业渔政管理局等，《中国小龙虾产业发展报告（2019）》。

研用推”融为一体，推进标准化生产、规模化开发、产业化经营和品牌化运作。如山东省实施了公益科技发展计划项目“克氏原螯虾产业技术研究与试验示范”、湖北省实施了“稻田综合种养产业技术体系”项目，安徽省成立了现代农业（虾蟹类）产业技术体系，以促进小龙虾产业更好更快发展。

表 5－23　小龙虾部分地区产业扶持政策和具体措施

省份	政策措施
湖北	(1) 2017年出台了《湖北省小龙虾十三五发展规划》，明确了小龙虾“十三五”产业发展思路、方向和重点，凸显了政府在促进小龙虾产业发展过程中的指导作用。 (2) 省政协召开“大力发展小龙虾产业，探索优质高效农业发展新模式”月度协商座谈会，会后整理形成了《关于大力发展小龙虾产业，探索优质高效农业发展新模式的建议》。 (3) 为有效促进全省各有关部门协调推进湖北小龙虾产业健康发展，省农业厅专门出台了《关于推进小龙虾产业健康发展的通知》。 (4) 2018年，省人民政府办公厅印发《湖北省推广“虾稻共作稻渔种养”模式三年行动方案》。
安徽	(1) 2016年安徽省农业委员会发布了《安徽省稻渔综合种养双千工程实施意见》，市、县两级积极争取安排专项财政资金，有效整合项目资金，扶持稻虾综合种养发展。 (2) 2017年，省委、省政府将发展稻渔综合种养列入2017年1号文件和省政府工作报告。安徽省农业委员会印发了《2017年稻渔综合种养工作要点》，召开了稻渔综合种养现场会和推进稻渔综合种养视频会，组织开展了省级稻渔综合种养示范区创建活动。 (3) 2018年，省农业农村厅发布了《安徽省农业农村厅关于稻渔综合种养百千万工程的实施意见》(以稻田小龙虾综合种养为主体)。
江苏	(1) 2017年，发布了《江苏省渔业十三五发展规划》，明确将小龙虾列为重点打造的优势主导产品之一。 (2) 江苏省在强化政策引导的同时，也加大了财政资金对小龙虾产业的扶持力度。重点支持建设种苗基地、规模生产基地、加工出口基地建设，鼓励龙头企业、水产养殖大户和民营资本等投资小龙虾产业。

（续）

省份	政策措施
江西	（1）2017年，省统筹整合资金推进高标准农田建设领导小组，印发了《江西省统筹整合资金推进高标准农田建设项目管理办法》等9个文件，极大地推动了稻渔综合种养发展。 （2）省人民政府印发了《关于加快农业结构调整的行动计划》，再次推动了稻渔综合种养项目的实施，进一步促进了小龙虾产业的发展。 （3）九江和上饶市人民政府对鄱阳湖区域的县（市、区）提出了“大力发展一虾一蟹产业，推动渔业供给侧改革的全面实施”，并整合涉农资金对开展稻虾综合种养的农户给予每亩300元的建设资金补贴。
湖南	（1）2015年，省畜牧水产局与扶贫办联合发文《大力发展稻田综合种养加快贫困农民脱贫致富的指导意见》。 （2）2017年，全省稻田综合种养工作推进现场会在益阳南县召开，明确要求，把稻田综合种养纳入当地农业发展规划和现代农业发展的重点支持领域，引导金融信贷资金和社会资本投向稻田综合种养。 （3）为加快推动稻虾产业发展，南县县财政每年安排1 000万元以上资金，支持小龙虾种苗繁育、稻虾品牌培育推广、养殖保险、产业招商配套等公益性项目。
河南	（1）2016年，省农业厅印发了《关于组织开展省级稻渔综合种养示范区创建工作的通知》。 （2）2017年，省农业厅、省扶贫办联合下发了《关于大力发展稻渔综合种养加快产业精准扶贫的意见》。 （3）信阳市出台了《关于印发信阳市稻渔综合种养实施方案（2017—2022）的通知》；罗山县人民政府出台了《关于印发罗山县稻渔综合种养实施方案（2018—2022）的通知》；潢川县于2016—2018年连续3年出台扶持文件，2018年将小龙虾养殖与扶贫结合，对开展小龙虾养殖的企业和农户进行补贴。
山东	鱼台县委、县政府出台《关于推进乡村振兴战略重点工作的实施意见（2018—2020年）》中，将虾稻共作被列为农业发展重点工作之一，并成立品牌兴农战略推进指挥部，打造“鱼台生态龙虾”品牌。

资料来源：根据各地政府信息公开内容整理。

潜江市作为稻虾综合种养模式的发源地，自 2001 年的虾稻连作到 2013 年的"虾稻共作"，与当地政府对产业发展的大力支持更是密不可分，这一点从表 5－24 中潜江扶持小龙虾产业发展的一些主要政策可以看出。

表 5－24 2013—2019 年潜江小龙虾产业主要政策扶持情况

年份	政策
2013	潜江市政府出台支持政策，对新发展虾稻共作模式的养殖户按照每亩 40 元的标准予以补贴，直达养殖户本人。
2014	潜江市政府继续对新发展的千亩连片基地每亩给予 40 元的补贴。
2015	潜江市委市政府出台《关于加快潜江龙虾产业升级发展的实施意见》，成立了市长任组长的潜江龙虾产业发展领导小组；潜江市开展小龙虾养殖精准扶贫，发布了《潜江市小龙虾产业精准扶贫实施方案》。
2016	潜江市政府下发《关于开展精准扶贫小龙虾养殖财政扶持申报审核工作的通知》。
2017	潜江市委、市政府颁布了《关于推进农业供给侧结构性改革、决战虾、稻产业 800 亿行动方案》；潜江市市政府连续 2 年整合两亿元龙虾产业发展基金，1 000 万龙虾产业项目资金在基地配套设施建设、种苗选育繁育和质量安全等方面重点给予支持。
2018	潜江市扶贫办、市水产局根据龙虾产业发展专项资金奖补项目实施方案，共同举办了 2017—2018 年度虾稻共作产业扶贫技术培训。
2019	潜江市发布《潜江虾-稻"走出去"实施方案的通知》，制定了 2019—2021 年发展规划，计划实施"以奖代补"办法。

纵观各省市小龙虾产业扶持政策和具体措施，可以看出湖北省、湖南省和河南省等地区已将小龙虾产业扶持与精准扶贫相结合，将稻虾综合种养作为加快农民脱贫致富的重要手段。在支持方向上，小龙虾标准化生产和良种繁育愈发得到重视。全国水产技术推广总站已在跨地域的、普适的稻田小龙虾培育标准制定上迈出了关键性的一步，起到了引领作用，湖北、安徽及浙江等省份紧随其后，相继出台了区域性稻虾综合种养的相关技术标准及规程，标准化方面的工作正在有序推进。良种繁育工作也在逐步开展，在已有

的水稻及小龙虾品种筛选基础之上，湖北、安徽及浙江等省份还在小龙虾良种的培育方面开展研究，其中，湖北及安徽已经计划着手构建培育繁殖推广一体化的小龙虾商业化体系。

小龙虾产业虽然是一种特色水产品养殖业，但归根结底仍属于大农业的范畴，即属于具有市场与自然双重风险的弱质产业。世界农业发展尤其是发达国家的发展经验告诉我们，农业作为弱质产业，其发展离不开政府的支持，我国各地小龙虾产业的发展历程再次证明了这一点。

七、我国小龙虾产业存在的问题及对策

1. 我国小龙虾产业存在的问题

（1）小龙虾种质退化和病害问题突出，影响其品质和养殖效益的提高

新改造养殖面积不断增加，而育苗体系缺乏。目前小龙虾种苗主要依靠养殖者自繁自育，养殖初期仅投入一次虾苗，在养殖过程中捕大留小，长期以来利用小虾繁殖后代，无新品种导入易造成近亲繁殖，就会存在种质退化。而随着小龙虾养殖集约化水平和放养密度的提高，小龙虾养殖病害也呈上升趋势。种质退化和病害问题使得捕捞、运输、放养后的小龙虾成活率较低等问题凸显，影响了产品品质和养殖效益的提高。

（2）养殖技术水平较低，生产成本投入过量，致使养殖风险增加

据对养殖户的成本分析，饲料和虾苗占养殖成本比重最高，其费用超过总成本的 1/3。就潜江市而言，即使每年都会有 1～2 次的养殖技术培训，但仍有部分养殖户不参加。一些养殖户为追求高产存在盲目跟风的现象，常常出现乱投料和乱用药等问题，饲料和虾药投喂不规范将导致小龙虾营养不良，不能满足小龙虾的正常生长需求。目前，虽然农户可以从手机端获取农业中心发布的养殖信息，但许多养殖户对其重视不足，对养殖技术和虾病知识缺乏深入了解，造成了不必要的养殖成本和风险的增加。

（3）小龙虾市场价格下降，养殖户销售渠道较为单一且不够通畅

随着小龙虾养殖面积的不断增加，产量和供应量也逐渐增大，2019 年

小龙虾集中上市，总体价格比上年同期下降15%。小龙虾价格的下跌导致不少养殖户亏本，尤其是新进入的养殖户。一些养殖户2019年亩产成虾200斤，规格从15～45克不等，而均价每斤不到10元，只能刚刚收回成本。就目前的养殖情况来看，多数地区农村的电子商务和订单农业发展还不够到位，新增养殖户没有固定销售渠道，大部分都是直接出售给市场或者低价卖给商贩，养殖户的收入受市场价格波动的影响较大，使得养殖户的利润空间缩小，收益难以实现最大化。

（4）小龙虾加工业发展水平相对滞后，附加值开发不充分

就目前来看，我国小龙虾加工企业较少、规模普遍偏小，且多集中在湖北、湖南、安徽、江苏4个省份，其他省份养殖业发展迅速而加工业发展相对滞后。而目前我国小龙虾加工产品多侧重于虾尾和虾仁，加工产品结构趋同，尽管其副产品甲壳素等精深加工技术已经取得了显著进展，但该加工技术并未普及，许多加工企业对小龙虾的综合利用不足，附加值开发仍不充分。此外，加工产品的品牌也有待进一步建设与推广。

（5）小龙虾产业链建设各地区发展不均衡，产业引导有待进一步加强

随着小龙虾产业迅猛发展，各地区对小龙虾产业链中各个环节的建设强弱不一，部分地区对产业链整体发展的重视不足。许多地区养殖业发展迅速，养殖规模扩张很快，而养殖、加工、流通等一体化的产业链发展机制尚未构建；部分地区尽管小龙虾餐饮、节庆等品牌众多，但多数市场影响力有限，品牌开发力度也有待进一步加强；部分地区的技术支撑不足，产业服务体系建设也比较缓慢，对产业发展缺乏进一步的政策引导。

2. 促进我国小龙虾产业可持续发展的对策

（1）健全商业化育种、品质改良体系，加快病害防治科技研发和技术推广

首先，应大力构建以企业为主体的商业化育种体系，加快提升良种自主研发和供给能力，作好人工繁育、工厂化育苗等方向性技术储备，加强种质资源保护。其次，加强良种推广应用，构建育种龙头企业与专业合作组织、养殖户的合作关系和利益共享机制，提高良种覆盖率。第三，防控养殖病害要以加强疫病监测和防控、种苗产地检疫和养殖环节生产管理为重心，加快病害防治科技研发和技术推广，促进“大养虾”向“养大虾”转变。

（2）加大养殖技术培训，降低养殖成本，完善保险机制

小龙虾养殖是一个高技术投入的行业，一定要依靠科学技术来养虾。一方面，政府部门等应加强定期举办培训班、现场示范指导、组织观摩交流等多种形式的技术培训，大力宣传技术培训的重要性，组织更多的养殖户来参加。另一方面，应建立健全小龙虾养殖保险机制，增强养殖户抵抗市场风险和养殖风险的能力。被调研的养殖户，90％以上未加入渔业保险。市政府应积极联合银行、保险等机构，创新设立虾苗保险、小龙虾养殖保险等金融产品来解决农民的后顾之忧。

（3）加强市场服务，拓宽销售渠道，实现养殖户效益最大化

首先，进一步加强各地区市场价格、行业动态等市场信息服务，提高小龙虾产业适应市场、拓展市场的能力。其次，要积极引导养殖户同合作社、龙头企业等紧密合作，整合资金、技术、管理等相关资源，减少中间环节来降低交易成本，同时降低市场风险。再次，各地可尝试推行乡村振兴社员网模式，积极引入社员网同各大小龙虾主产区域合作，以“互联网＋精准扶贫＋农产品上行”为切入点，以农村电商为媒介，实施订单农业，开拓本地小龙虾的销售渠道。

（4）大力发展加工业，提高小龙虾综合利用水平

推进加工企业的建设，调整优化结构，以提高质量效益为主，大力推进初加工、精深加工、综合利用、技术装备以及品牌战略等重点领域的发展，普及小龙虾精深加工技术，提高小龙虾综合利用水平；同时加大对加工品类的研发，更好地满足市场需求。此外，要指导加工企业推行HACCP等国际食品质量管理体系认证，支持龙头企业发展环境友好型加工，提升出口产品质量安全水平，同时加大加工产品品牌的建设与推广。

（5）推动各地区小龙虾产业链全面升级，拓宽产业政策引导

各地应加强产业链各个环节的建设，用信息化手段搭建小龙虾养殖生产、加工流通、国内消费与出口的全产业链平台，推动小龙虾产业链全面转型升级。各地应当推进产业服务体系建设，积极提升小龙虾产品、餐饮、节庆等品牌的市场影响力。此外，为避免小龙虾生产发展无序、市场拓展速度减缓、效益下滑风险加大等问题的出现，各地应积极制定相关发展规划、指导意见、技术标准，进一步加强产业引导。

参 考 文 献

曾君，陈凤，2018. 潜江市小龙虾产业发展探讨 [J]. 现代农业科技 (1)：226 - 234.

曾钊，汤永玲，张洪浩，等，2019. 品牌南美白对虾消费偏好及市场开发策略——以湖南省衡阳市为例 [J]. 商讯 (12)：3 - 4.

陈蓝荪，李应森，刘其根，2008. 克氏原螯虾的生态养殖（六）：中国的小龙虾经济（上）[J]. 水产科技情报 (6)：278 - 285.

陈田聪，谢达祥，陈晓汉，2018. 南美白对虾淡水养殖常见病害及防治措施 [J]. 南方农业，12 (20)：145 - 147.

程虹，2019. 中国区域公用品牌评价理论与方法——来自“潜江龙虾”的案例 [J]. 中华商标 (10)：4 - 6.

崔和，2011. 我国对虾产业市场分析、发展现状及前景 [J]. 中国水产 (6)：68 - 71.

戴耀达，康顺元，姚翠鸾，2018. 凡纳滨对虾苗种产业的存在问题与对策 [J]. 农业开发与装备 (6)：7，10.

邓云锋，韩立民，2005. 中国渔业的产业价值链分析 [J]. 海洋科学进展 (3)：385 - 389.

丁慧娟，张金磊，陈建中，等，2018. ARIMA 模型和灰色模型在农产品价格预测中的应用比较 [J]. 安徽农业科学，46 (24)：191 - 194.

符云，麦良彬，钟小庆，2017. 2017 年上半年全国南美白对虾养殖渔情分析报告 [J]. 渔业致富指南 (14)：14 - 18.

高雅，吴晨，2012. 广东省对虾工厂化养殖模式成本效益分析及其应对策略 [J]. 仲恺农业工程学院学报，25 (1)：56 - 61.

君尧，2019. 南美白对虾不同养殖模式下的经济效益分析 [D]. 上海：上海海洋大学.

龚定荣，2018. 以特色产业助力乡村经济高质量发展——潜江市农业供给侧结构性改革实践 [J]. 国家治理 (38)：56 - 60.

管琪，2016. 中国水产品价格波动研究——以草鱼为例 [J]. 时代经贸 (24)：39 - 41.

郝向举，2011. 近期国内水产品价格快速上涨原因分析及对策 [J]. 中国水产 (9)：19 - 21.

胡婧，闫雪，孙英泽，等，2018. 2007—2016 年北京市大宗淡水鱼类价格波动分析 [J].

中国农学通报，34（9）：105－110.

黄巧龙，郑义，陈钦，2019. 区域市场整合的空间效应测度研究——基于国内水产品价格数据的测算分析［J］. 价格理论与实践（3）：81－84.

黄巧龙，周磊，陈钦，2018. 我国水产品市场价格波动的时空特征分析［J］. 江苏农业科学，46（12）：340－344.

姜燕，曹振杰，徐海强，等，2019. 山东省虾蟹类产业现状分析及发展建议［J］. 渔业致富指南（22）：17－20.

康保超，2014. 南美白对虾养殖效益和社会经济学分析［D］. 南京：南京农业大学.

李辉尚，沈辰，孔繁涛，2016. 基于 X12－HP 模型的水产品价格波动分解研究［J］. 广东农业科学，43（11）：175－183.

李鹏，白福臣，2017. 广东对虾价格纵向市场传导机制研究［J］. 河北渔业（1）：61－66.

李伟莹，于洋，2019. 基于灰色预测模型的我国水产品冷链物流需求预测［J］. 农技服务，36（6）：103－105，107.

林漫婷，牛志凯，曹俊明，等，2016. 2015 年广东对虾产业发展形势与对策建议［J］. 广东农业科学，43（6）：18－22.

刘俊杰，朱丹，江守铭，2018. 南美白对虾养殖模式探讨［J］. 科学养鱼（9）：33.

刘瑞玉，胡超群，曹登宫，2004. 我国对虾养殖的现状、研究进展与存在的若干问题［R］.（2014－11－03）. 第四届世界华人虾类养殖研讨会.

陆珠润，吴春其，陈建青，等，2017. 一文盘点浙江嘉善近 7 年中华鳖、青虾、罗虾、白对虾、河蟹等大宗品种价格走势［J］. 当代水产，42（4）：40－41.

罗恺君，徐璐瑶，高丰伟，2017. 浅析潜江市小龙虾产业发展强劲的原因［J］. 中国市场（33）：65－66，68.

马明明，2017. 互联网背景下农业产业化发展路径研究——以潜江小龙虾产业为例［J］. 现代经济信息（15）：476－477.

麦良彬，符云，钟小庆，2019. 2018 年广东省水产养殖渔情分析报告［J］. 渔业致富指南（14）：18－21.

农业部渔业渔政管理局调研组. 江汉稻田作出大文章潜江龙虾造就大产业［N］. 中国渔业报，2015－06－29（A01）.

农业农村部渔业渔政管理局，全国水产技术推广总站，中国水产学会. 中国小龙虾产业发展报告（2019）［N］. 中国渔业报，2019－09－02（A04）.

佘磊，2018. 稻田养殖小龙虾技术［J］. 水产养殖（8）：32－34.

舒敏，南平，2018. 潜江龙虾："甲定天下"的品牌生态［J］. 中华商标（11）：22－24.

舒娜娜，2015. 小龙虾养殖者变身职业农民［J］. 渔业致富指南（5）：6.

舒新亚，2011. 主产区专家谈2011年小龙虾产业形势［J］. 中国水产（10）：6－11.

苏绍萍，陈宜，黄峥，等，2019. 广西南美白对虾养殖现状调查分析［J］. 河北渔业（4）：22－27，34.

唐雪梅，高维新，2015. 当前中国对虾产业面临的困境及解决对策［J］. 南方农村，31（4）：4－8.

涂桂萍，李洪进，郑国宝，2019. 2019年小龙虾价格行情走势对稻虾综合种养产业的影响［J］. 科学养鱼（9）：4－5.

王慧慧，林洪，董彦岭，2012. 我国小龙虾产业价值链、市场影响因素研究及产业发展建议［J］. 中国水产（4）：38－41.

王静，车斌，孙琛，等，2018. 我国南美白对虾不同养殖模式的成本收益分析［J］. 中国渔业经济，36（6）：70－76.

王静，车斌，孙琛，等，2019. 我国南美白对虾不同养殖模式管理效率研究［J］. 中国渔业经济，37（1）：84－90.

王威巍，2016. 中国水产品市场价格波动状况研究［D］. 上海：上海海洋大学.

王雍颖，张文玉，龚书颖，2017. 区域特色农业发展现状及政府特色研究——以湖北省潜江市小龙虾为例［J］. 中国市场（33）：78－79.

肖放，刘忠松，郭云峰，等，2017. 中国小龙虾产业发展报告（2017）［J］. 中国水产（7）：8－17.

许伟，胡冰川，2019. 中国水产品价格波动研究——基于消费棘轮与渔业转型的背景因素分析［J］. 价格理论与实践（2）：72－75.

颜聪聪，车斌，孙琛，2019. 水产养殖效率综合评价体系构建与实证［J］. 中国渔业经济，37（6）：94－102.

杨正勇，黄书培，2012. 中国牙鲆养殖的成本收益分析［J］. 中国渔业经济，30（5）：55－62.

尹相菡，景福涛，李凯，等，2018. 山东省南美白对虾养殖发展现状及展望［J］. 中国水产（2）：49－52.

张井增，马建军，孙志新，等，2018. 南美白对虾产业发展及瓶颈综述［J］. 河北渔业（9）：48－51.

张静怡，杨怀宇，2018. 上海罗氏沼虾价格短期预测及研究展望［J］. 农业展望，14（9）：31－35，40.

张士军，慕永通，2013. 红岛蛤蜊产业典型养殖模式及成本收益分析［J］. 中国渔业经济，31（1）：124－128.

张振立，2017. 湖北潜江做大做强小龙虾产业的成功经验及启示［J］. 渔业致富指南（15）：18－20.

赵文艳，左越，刘馨，等，2016. 上海市场南美白对虾供求分析［J］. 时代经贸（6）：23－26.

佚名，2018. 中国小龙虾产业发展报告（2018）［J］. 中国水产（7）：20－27.

周井娟，2016. 中国对虾养殖业发展轨迹及技术变迁［J］. 中国农学通报，32（8）：22－29.

朱坚真，刘汉斌，2012. 中国水产品价格波动分析——基于 ARCH 类模型［J］. 南方农村，28（6）：66－69.

FERDINAND F WIRTH，KATHY J DAVIS，2017. Grouped data probability model for shrimp consumption in the Southern United States［J］. Journal of Food Distribution Research，48（1）：9－16.

MAMOUD MANSARAY，AGBEKPORNU HAYFORD，2018. Economic analysis of white－leg shrimp（*Penaeus vannamei*）production case study：Rudong county of Nantong City，Jiangsu Province，China［J］. Asian Journal of Agricultural Extension，Economics & Sociology，26（4）：1－13.

MAX NIELSEN，ISAAC ANKAMAH YEBOAH，LISA STAAHL，et al.，2018. Price transmission in the trans－atlantic northern shrimp value chain［J］. Marine Policy，93：71－79.

MARCELO A S ROGO，OMAR J SABBAG，ROBERTA B SOARES，et al.，2018. Technical efficiency analysis of marine shrimp farming（*Litopenaeus vannamei*）in biofloc and conventional systems：A case study in northeastern Brazil［J］. Annals of the Brazilian Academy of Sciences，90（4）：1－12.

图书在版编目（CIP）数据

守望这片池塘：我国虾产业发展调研报告 / 孙琛等著. —北京：中国农业出版社，2021.2
ISBN 978-7-109-27741-0

Ⅰ.①守… Ⅱ.①孙… Ⅲ.①虾类—淡水养殖—产业发展—研究报告—中国 Ⅳ.①F326.4

中国版本图书馆 CIP 数据核字（2021）第 006790 号

中国农业出版社出版
地址：北京市朝阳区麦子店街 18 号楼
邮编：100125
责任编辑：郑　君
版式设计：杜　然　　责任校对：赵　硕
印刷：化学工业出版社印刷厂
版次：2021 年 2 月第 1 版
印次：2021 年 2 月北京第 1 次印刷
发行：新华书店北京发行所
开本：720mm×960mm　1/16
印张：11.5
字数：170 千字
定价：59.00 元
